Sergio F. Quintella

UM DEPOIMENTO

Direitos desta edição reservados à
Editora FGV
Rua Jornalista Orlando Dantas, 37
22231-010 | Rio de Janeiro, RJ | Brasil
Tels.: 0800-021-7777 | 21-3799-4427
Fax: 21-3799-4430
editora@fgv.br | pedidoseditora@fgv.br
www.fgv.br/editora

Impresso no Brasil | Printed in Brazil

1ª edição – 2018

Copidesque: Sandra Frank
Revisão: Fatima Caroni
Projeto gráfico de miolo e diagramação: Mari Taboada
Capa: Estúdio 513
Foto da capa: Ana Cristina Quintella

Ficha catalográfica elaborada pela Biblioteca Mario Henrique Simonsen/FGV

Quintella, Sergio F.
Sergio F. Quintellla: um depoimento / Sergio F. Quintella. - Rio de Janeiro : FGV Editora, 2018.
272 p.

ISBN: 978-85-225-2109-8

1. Quintella, Sergio F. 2. Memória autobiográfica. 3. Fundação Getulio Vargas. I. Fundação Getulio Vargas. II. Título.

CDD – 926.2

FGV EDITORA

Sergio F. Quintella

UM DEPOIMENTO

Sumário

Apresentação

É uma verdade aprendida ao longo da minha vida: aquinhoado é aquele que tem bons amigos e, mais ainda, quem pode dizer que esses amigos são melhores que si mesmo.

Quis o destino que eu seja há quase 20 anos responsável por aquela que eu reputo uma das melhores instituições de ensino e pesquisa do país. Uma velha senhora que neste 2018 fará 74 anos e que mantém uma intoxicante jovialidade.

De fato, a tradicional Fundação Getulio Vargas está mais vibrante do que nunca. Seus trabalhos, sempre feitos com a preocupação do interesse nacional, têm um profundo impacto na sociedade brasileira. O público, em geral, olha para ela em busca de informação e análise isenta, manda seus filhos estudarem aqui, quando não vêm os próprios pais para atualizar ou completar suas formações. Trata-se de uma instituição apartidária, que não é sustentada por nenhum governo e que possui uma brutal complexidade de atividades e processos.

A tarefa de gerenciá-la tem de ser benfeita, a inteligência no planejamento e a perfeição na sua implementação são tão fundamentais quanto a capacidade de continuamente inovar. Pode-se dizer que essas tarefas, sendo o capital humano e o renome os dois principais insumos da FGV, são muito mais difíceis que em outras instituições, pois dela se espera sempre grande geração de externalidades para o país e a sociedade.

E, ao mesmo tempo, as contas têm de ser pagas!

A realidade, o exercício da realidade, saber muito claramente o que podemos e o que não podemos fazer, o que devemos e não devemos fazer. Lutar sempre e com muita inteligência. Enfrentar os problemas difíceis de frente, ser justo, ser ponderado. Eis o grande desafio. E é assim que começo a minha introdução a esse discreto e grande brasileiro: Sergio Quintella.

Conheci Sergio Quintella como membro do Conselho Curador da FGV. Na época ele ainda era presidente do Tribunal de Contas do Estado do Rio de Janeiro. Tinha sido um grande empresário e, após ter vendido sua participação na Montreal Engenharia, cumpria um autoimposto dever cívico: melhorar o Estado.

Sergio é um homem firme, inteligente e racional. Sua mente de grande engenheiro, voltada para o prático, é abrangente. É um homem de bem e de grande cultura, o que o torna generoso, mas sem pieguismos e desprovido das vaidades tolas que diminuem os homens.

Depois de bela contribuição à FGV no Conselho Curador, passou por consenso unânime para o Conselho Diretor em abril de 2002 e, em setembro de 2005, tornou-se vice-presidente da FGV. Sua vinda foi fundamental para o sucesso da virada da instituição.

A FGV foi criada sob a égide do financiamento governamental. Havia a Lei do Selo e as outras tantas transferências governamentais. Mas a longa crise fiscal do Brasil a partir dos anos 1980 fez essas fontes minguarem. E, lentamente, a FGV foi perdendo substância e governança. Após o esplendor dos anos 1960 e 1970, a instituição entrara em decadência.

Era preciso levantá-la.

Após o final dos anos 1980, quando novas fontes de financiamento começaram a ser criadas, a instituição encontrava-se no meio de uma mudança aguda. Havia um grande problema: era preciso reestruturar toda a governança. Foi no momento mais crítico desse processo que Sergio Quintella veio ajudar, e ele foi fundamental.

Com sua prática de empresa grande e de vida, tendo vivido moço o mundo acadêmico, o dos grandes negócios, o setor privado e também o público, ele trazia consigo uma multiplicidade de experiências que poucas pessoas no Brasil têm.

Foram anos difíceis. Muito trabalho a fazer. Muita troca de pessoal. Estruturas a serem redesenhadas. Troca de mentalidade, sobretudo. Para tornar as coisas mais rápidas, eu havia optado por ser meu próprio diretor-geral, ou seja, me tornara *chairman* e CEO da FGV; o trabalho era muito, impossível para um só levar. Foi aí que Sergio Quintella veio se juntar ao grupo, que jocosamente Lindolpho de Carvalho Diaz, membro do nosso Conselho Diretor, chama os "marajás portugueses": aqueles que trabalham muito, têm muitas responsabilidades e nada ganham.

Sergio atirou-se ao trabalho desde o primeiro dia. Reestruturou processos e até áreas inteiras, como a FGV Projetos. A produtividade começou a aumentar. Eu pude me dedicar a aprimorar o lado acadêmico da instituição. O número de escolas cresceu, as classificações foram para o máximo. De quase defunta, a FGV, tal qual a fênix de fogo, renasceu. Tínhamos um só curso de graduação em São Paulo; hoje, temos oito entre Rio e São Paulo e estamos abrindo mais um.

Num país onde o subsídio à ciência é pouco, onde a tributação desestimula as doações para a educação e a pesquisa, durante uma longa época de instabilidades, algo impossível começou a surgir: uma instituição privada, sem fins lucrativos, com alta qualidade e praticamente nenhum subsídio, voltada para o desenvolvimento socioeconômico brasileiro, uma nova FGV com os ideais da sua criação. Isso só foi possível pelo trabalho de muitos que acreditaram na virada, em especial Sergio Quintella.

Sergio é um homem interessante. Além de inteligente e objetivo, ele tem ânimo. Não só uma incrível vontade de viver, mas de fazer. Nunca nenhum trabalho é demais. Nas horas difíceis, sempre traz a calma e o ânimo.

Lê tudo que lhe cai nas mãos, informa-se sobre tudo e é capaz de discutir uma enorme gama de assuntos em pé de igualdade com os especialistas. O que acha que não sabe, procura quem possa lhe ensinar. Se lhe apresentam uma ideia melhor que a dele, não tem nenhuma vaidade tola, adota a nova ideia e, geralmente, a melhora.

Trabalhamos juntos há mais de uma década, tendo contato quase diário. Sua sala e a minha ficam uma em frente à outra, e é frequente discutirmos os mais diversos assuntos. Desse dia a dia, resultou a minha profunda admiração por um grande brasileiro, um homem de caráter e coragem, discreto e simples, que deveria ser tomado como lição de vida para os jovens deste país.

Não gostaria de terminar sem falar um pouco também do que tive o privilégio de presenciar da sua vida privada. Como não poderia deixar de ser, junto a ele existe uma grande mulher, dona Teresa Cristina, a quem todos os amigos chamam de Titina. Igualmente inteligente, jovial e alegre, tem um imenso coração. Talvez o melhor jeito de descrever o profundo amor que os une sejam duas frases, duas lições de vida que ambos, na sua imensa generosidade com os amigos, dão graciosamente. Ela, se referindo a ele, diz brincando: "Meu marido não tem defeitos, tem características". E ele, se referindo a ela: "Minha mulher é a minha grande companheira de vida".

Carlos Ivan Simonsen Leal
Presidente da FGV

1. O despertar

No princípio, era a Tijuca. Só depois é que veio o verbo. O país da minha infância ficava circunscrito ao perímetro que ia da praça Saens Peña ao bairro do Andaraí, cujo marco de localização era a antiga sede e o campo de futebol, contíguos ao América Futebol Clube. O time da camisa rubra, cor de sangue, atravessava uma fase gloriosa naqueles idos de 1935. O clube que viria a ser o escolhido do meu coração festejou minha vinda ao mundo, no dia 21 de fevereiro, tornando-se o campeão carioca daquele ano. Torci pelo América até pouco depois da inauguração do Maracanã, no ano de 1950, quando então cedi aos encantos da estrela solitária do Botafogo. Registro com destaque essa mudança da preferência pelo clube de futebol porque acredito ter sido a única vez que fui infiel a uma escolha. Reneguei o meu "Ameriquinha", mas, conforme os dizeres do seu hino, "hei de torcer, torcer, torcer até morrer" pelo meu segundo time de coração.

Minha casa era uma edificação de dois andares com pouco terreno livre. Para brincar, montava uma tenda na varanda e fingia que estava no meio do mato. Eu tinha pouco espaço para me mexer e pular, e substituía a diminuta faixa de terra pela extensão infinita da minha imaginação. Percorri os lugares mais longínquos e enfrentei as batalhas mais destemidas naquele canto diminuto da rua Campos Salles. O local para correr e mexer os músculos era próximo de casa, um pátio enorme, em frente à igreja dos Capuchinhos, na rua Haddock Lobo. Naquele chão cimentado, jogávamos bola de meia com os padres franciscanos, que nessas horas largavam a batina e viravam meninos também. Ali, comecei a receber os rudimentos de educação religiosa, reforçada em casa por minha mãe, católica praticante.

Do meu pequeno mundo tijucano, eu me lembro de um fato muito marcante: até meados do século passado, o bairro era o paraíso dos cinemas. Na medida em que fui enxergando a realidade com meu olhar de criança, era impossível não me deslumbrar com aquela cortina de gigantescos templos do entretenimento. A cordilheira de cinemas foi erguida imponentemente, entre a Haddock Lobo, onde se situava o pomposo Pathé, e a praça Saens Peña, sítio do pioneiro Cine América, inaugurado em 1918, e do agigantado Olinda, cuja data de abertura é controversa, ora 1935, ora 1938. Havia mais cinemas naquela área do que se pode contar nos dedos. Os cinéfilos seguiam em longas caravanas para a praça Saens Peña, ao ponto de a região merecer o epíteto de Broadway tupiniquim. Naqueles idos, em que os cinemas mais pareciam estádios, as tradicionais chácaras que deram origem ao bairro ainda resistiam em uma região que fora ocupada por fazendas de cana-de-açúcar e passava por intensas transformações urbanas.

Minha infância foi um curto rito de passagem. Acho que amadureci cedo – os motivos, veremos a seguir. Fui um garoto observador, normal, talvez um pouco mais perspicaz, que revelou desde cedo aptidão para o estudo. Lembro-me do meu pai sempre com o jornal nas mãos. A única coisa de que reclamava quando chegava do trabalho em casa e o deixava bravo era quando eu, antes de dar-lhe um beijo, sequestrava avidamente o jornal. Mas não só o suplemento infantil, como a seção de notícias internacionais. Minha mãe, Rosalina, gostava de contar que em certo dia me perguntou: "Por que você está lendo tanto jornal?" "Para saber notícias da guerra", respondi. Eu devia ter sete anos. Estávamos em pleno segundo conflito mundial. O interesse em tenra idade por algo que ocorria na longínqua Europa, num tempo analógico, sem televisão nem internet, denotava uma atração estranha por fato não condizente com o universo infantil. Passei, pois, pela vida nascente com um pé na vida adulta. E foi com brevidade que me vi saltando do quarto dos brinquedos para os bancos escolares.

Minha primeira escola foi o Instituto Lafayette. Estudava em uma pequena casa pertencente ao maior complexo de ensino tijucano, fundado em 1916, pelo professor Lafayette Cortes, num faustoso solar na onipresente rua Haddock Lobo, em frente à igreja dos Capuchinhos. A propriedade pertencera a um abastado comerciante do século XIX, Jerônimo José de Mesquita, o barão de Mesquita, filho de José Francisco de Mesquita, o conde de Bonfim. Ambos se eternizariam batizando duas vias públicas importantes da Tijuca.

O também chamado Colégio Lafayette mais parecia um parque temático devido às instalações extraordinárias, com um padrão curricular bastante sofisticado comparado aos educandários da época. Foi a primeira escola carioca a oferecer atividades de oficina e laboratório, preparando os alunos com estudos de topografia e agrimensura, mecânica e eletricidade. Havia salas tremendamente equipadas para cadeiras específicas, tais como química, física, desenho e história natural. O ambiente dedicado à geografia era um espetáculo à parte. Num mapa-múndi de cerca de cinco metros de diâmetro suspenso a alguns centímetros do chão, podia-se acionar um sistema de água que ia preenchendo os espaços relacionados aos oceanos e grandes rios, definindo o contorno dos continentes.

Lembro-me bem do professor de latim, José Pompilio da Hora, rigorosíssimo. Ele lecionava uma das duas únicas matérias em que efetivamente enfrentei dificuldades na vida acadêmica – a outra, já na faculdade, seria desenho a mão livre, para o qual não exibia nenhum talento. Fazer a versão de um texto em português para a língua falada originalmente no Lácio, região no entorno de Roma, eu ainda, a duras penas, conseguia. Mas elaborar a tradução contrária virava uma tarefa hercúlea ou, melhor dizendo, um osso duro de roer.

—▪—

COMO DIZIA A MARCHINHA, "uma pulga na balança, deu um pulo e foi à França". Mais de seis décadas depois eu me veria envolvido novamente com o antigo Instituto Lafayette, com personagens que eu jamais poderia imaginar na minha fase estudantil. O sonho dourado do meu motorista era que o filho pudesse estudar na Fundação Bradesco – situada nas instalações do bom e antigo Lafayette. Minha esposa, Teresa Cristina, ficou muito sensibilizada com a situação. Pediu-me que tentasse intervir de alguma maneira para materializar aquele desejo, merecedor inclusive de elogios. Lembrei-me do "seu Brandão" – é assim que o ex-presidente do Conselho de Administração do Bradesco, o legendário Lázaro de Mello Brandão, é chamado por todos. Ele me tinha em alta consideração e eu nutria um apreço ainda maior por ele. Refleti algumas vezes se deveria levar a questão ao "seu Brandão". Talvez fosse demasiado prosaica. Pequenos pedidos, não raras vezes, são mais difíceis de atender do que grandes pleitos. Mas a vontade de ajudar o menino a estudar foi maior do que qualquer constrangimento. Fui falar com "seu Brandão", que tratou do assunto como se fosse de primeira grandeza e imediatamente conseguiu a matrícula do menino. O pai não sabia o que fazer de tanta alegria, pois a Fundação Bradesco, além de um ensino de primeiríssima qualidade, banca todos os custos com material e uniforme até o aluno sair para a faculdade.

Voltaria bem recentemente, em 2017, a ter o prazer de uma troca mais intensa com "seu Brandão". Conversamos sobre a oportunidade de ele prestar um depoimento ao Centro de Pesquisa e Documentação de História Contemporânea do Brasil (Cpdoc) da Fundação Getulio Vargas. O assunto evoluiu para a editoração de um pequeno livro, no qual ele contaria um pouco de sua longa e profícua trajetória. Confesso que achava difícil que aceitasse o convite. "Seu Brandão" sempre se caracterizou por uma extrema discrição. Fazer um relato sobre sua vida parecia demasiadamente ousado. Mas não é que o grande maestro do Bradesco aceitou? O livro teve repercussão nas mídias, foi demandado nas universidades e pelos executivos empresariais e acabou sendo distribuído para os milhares de funcionários do banco. "Seu Brandão", do alto do seu comedimento e modéstia, achava que uma tiragem de mil exemplares já estaria de bom tamanho, pois pouca gente iria se interessar pelo livro. Mil exemplares? Imagine só! É o caso do gigante que não enxerga sua própria altura. Sou muito grato a ele por tantos anos de uma amizade sincera e fraterna.

E foi de repente que amadureci. Diante de uma dor profunda, como nunca tinha sentido antes. Aos 11 anos de idade, abriu-se uma ferida na minha alma, daquelas que nunca fecham de todo, apenas vão ficando menos vívidas com o passar do tempo. De uma hora para outra, em 1946, meu pai, Francisco de Assis Quintella, morreu. Poucos meses antes da fatalidade, ele tinha sido deslocado para chefiar o escritório de Belo Horizonte do laboratório em que atuava como representante comercial de fármacos. E mudou-se com a família para a capital mineira. Ficamos hospedados em um hotel, até nos instalarmos num confortável apartamento na avenida Afonso Pena, no centro da cidade, em frente à igreja São José – um monumento em estilo neomanuelino, construído pela congregação dos redentoristas. Naquela época que antecedeu a Pampulha, era a principal igreja católica do município.

Lá, estudei no Colégio Arnaldo, cujo nome homenageava o fundador da sociedade religiosa Congregação do Verbo Divino – o padre Arnaldo Janssen. Criada no início do século XX, ela contribuiria na formação de grandes expoentes no cenário cultural, científico e político brasileiro, a exemplo de Carlos Drummond de

Andrade, Guimarães Rosa, Lúcio Cardoso, Ivo Pitanguy e Milton Campos, somente para citar os mais celebrados.

Estávamos então usufruindo da novidade "belo-horizontina" em nossas vidas, quando uma tempestade abateu-se sobre nós, como que tirando o solo sob os nossos pés. Em setembro, poucos meses depois de nos estabelecermos na cidade, meu pai, aos 46 anos, morreria num desastre de avião. A aeronave chocou-se contra um morro em Barbacena, vindo para o Rio. O destino fala com uma linguagem própria, incompreensível para nós que sofremos seus desígnios. Por um desses fatídicos acasos, não havia lugar disponível no avião para que meu pai embarcasse. Mas ele fez o possível e o impossível para entrar naquela aeronave da qual nunca mais saiu.

Em meio à mata fechada das Gerais, custaram a localizar o pequeno DC-3 que, de modo deplorável, conforme prática rotineira no Brasil, havia sido inteiramente saqueado. Roubaram alianças, relógios, pastas – nada restou daquela inesperada última viagem do nosso Francisco de Assis, ao mesmo tempo divino e "demasiadamente humano", tomando por emprestado os dizeres de Nietzsche. Meu pai havia sido assim batizado por ter nascido em um dia 4 de outubro, data de celebração do santo protetor dos animais. Décadas depois, eu viria a batizar com seu nome a capela que construí na minha fazenda no município fluminense de Paraíba do Sul. Meu pai tornou-se meu santo padroeiro.

Somente ressurgi da tragédia no caminho de volta ao Rio de Janeiro, junto com meu irmão Evandro, quatro anos mais velho, e minha mãe. Há uma curiosa coincidência na data dos falecimentos de Evandro e de meu pai. Ambos, como se tivessem combinado a fatídica cronologia em um plano anterior à vida terrena, partiram no mesmo dia 27 de setembro. Meu pai foi-se no ano de 1946, e meu irmão nos deixou em 1982. Viúva no esplendor dos 40 anos, d. Rosalina, nascida em 1906, revelou-se uma mulher inquebrantável. Teve de assumir o timão do comando daquele pequeno núcleo afetivo. Não havia mais com quem dividir as responsabilidades. Precisava enfrentar a vida com duas crianças e uma modesta apólice de seguro de acidente no valor de US$ 100 mil à época. E lá se foi d. Rosalina com seus meninos. Guardávamos um ativo precioso – a nossa união, de imensurável valor intangível.

Meu irmão Evandro, um adolescente de 15 anos naquele 1946, foi estudar em regime de internato na Escola Preparatória de Cadetes de Campinas e, em seguida, na Academia Militar das Agulhas Negras, localizada na cidade fluminense de Resende. Virou oficial do Exército, chegando a major, até ingressar no rigoroso e excelente Instituto Militar de Engenharia (IME). Assim, durante grande parte da minha mocidade ele esteve praticamente fora do nosso apartamento. Além disso, casou-se cedo, aos 21 anos, tornando-se pai de seis filhos. Nossa nova pousada era na rua Machado de Assis, no Flamengo. Daquele recanto, que hospedou minha juventude, eu só sairia também para me casar, em 1965.

Mas nem só de infortúnio vivemos naquele período. O destino, esse senhor da história, veio mitigar nosso sofrimento e nos estendeu a mão: meus tios maternos eram comerciantes muito bem relacionados em Minas Gerais. Por meio da influência política deles, o ministro da Justiça do governo de Getúlio Vargas, Tancredo Neves – com quem eu viria a cruzar mais tarde nas lidas profissionais –, conseguiu um emprego de professora para a minha mãe (que jamais se casaria de novo) no Serviço de Assistência aos Menores (SAM), na Ilha do Governador. Foi um providencial amparo. Permitiu, inclusive, que ela desse um segundo passo e abrisse, junto com uma amiga, um colégio em Ipanema. Foi dessa combinação singular entre a articulação dos meus parentes, o gesto benevolente de Tancredo Neves e a disposição para luta da minha mãe que surgiram os benditos proventos do nosso sustento.

3. *Agnus Dei*

Durante minha vida, eu e a religião tivemos um encontro marcado. De minha parte, demorei a corresponder ao convite da fé. Mas sempre flertei com o catolicismo, apesar de não ser praticante. Meu entendimento e gratidão com o Senhor viria mais tarde, em função de episódios dramáticos. Nessa fase de minha adolescência, estudei no Colégio Santo Antônio Maria Zaccarias, dos padres barnabitas, próximo ao Palácio do Catete. Ia à escola a pé, a maioria das vezes, ou de bonde. Saía de casa, na rua Machado de Assis, chutando pedras pelo caminho. O Rio de Janeiro era uma cidade cordial, e todos andavam na rua sem nada temer. Se algum atraso acontecesse nas idas e vindas da escola, todos pensavam primeiramente em alguma travessura, e não em acontecimento que envolvesse a segurança.

Assim como os padres franciscanos da igreja dos Capuchinhos, os simpáticos sacerdotes do Colégio Zaccarias também gostavam de jogar futebol com os alunos, de batina e tudo. Nós, os alunos, usávamos duas fardas: o uniforme do dia a dia e outro especialmente talhado para as missas de domingo. O padre Parreira era o encarregado das aulas de canto orfeônico e teatro. As encenações se davam num grande auditório, e a elas eu assistia na cadeira de mero espectador. Lembro-me particularmente dele por um peculiar motivo. Assim como nunca levei jeito para o latim, demonstrava vocação nula para a interpretação teatral. De resto, continuava a não ser o primeiro da classe, mas, modéstia à parte, era um bom aluno.

Ainda no Colégio Zaccarias, eu pude me preparar ferrenhamente para ingressar no curso de engenharia civil da Pontifícia Universidade Católica (PUC), uma instituição de ensino igualmente pautada pelo pensamento cristão, porém, muito mais aberta às modernidades do seu tempo. A PUC não era afeita a proselitismo religioso – por exemplo, não havia obrigação de se frequentar as aulas sobre a doutrina da Igreja. Na época, a faculdade mal engatinhava no mundo acadêmico, contabilizando então apenas cinco turmas formadas.

A opção por estudar na casa ao lado do Colégio Santo Inácio, em Botafogo (a transferência da PUC para a sede na Gávea só aconteceria dois anos depois, em 1955), preterindo o principal curso de engenharia da época, a Escola Politécnica, no largo de São Francisco – depois transferida para a Ilha do Governador, como Escola Nacional de Engenharia e hoje Universidade Federal do Rio de Janeiro (UFRJ) –, tinha uma explicação bem pragmática. A faculdade pública, tal qual ocorre nos dias atuais, vivia em permanente estado de greve – com a diferença de que, antes, por motivos políticos (a crise do governo Vargas) e, agora, por motivos financeiros. De forma racional e objetiva, fiz todos os cálculos com base em uma média de dias/horas de aula parados e decidi não estudar em um estabelecimento onde nunca saberia ao certo quando teria uma carga de ensino normal.

A PUC cresceu com a bênção dos céus – e o dinheiro dos homens. Sua expansão física foi tremenda. Passou de uma tímida casinha na rua São Clemente aos prédios que subiriam no monumental terreno na rua Marquês de São Vicente. A faculdade – criada pela ordem jesuíta Fundação Padre Leonel Franca – contou com o expressivo aporte financeiro da classe empresarial. Alguns professores da UFRJ migraram para lá. Nunca mais nos iríamos separar, eu e a PUC, cuja mantenedora, Fundação Padre Leonel Franca, é atualmente presidida por Pedro Guimarães Ferreira, um meu colega de turma e amigo até hoje. Nesse período inicial como universitário, comecei a dar aulas particulares de matemática e física para os estudantes que estavam prestando vestibular. Com esse dinheiro, pude ajudar nas despesas da casa.

Tive uma vida acadêmica intensa. O último terço da década de 1950 foram anos de efervescência política. Fui presidente do Diretório Acadêmico e orador da turma – ganhei esse posto em disputa com Alceu Amoroso Lima Filho, herdeiro do grande Tristão de Ataíde, o maior intelectual cristão do seu tempo. Daquela época, uma recordação especial foi a da exposição de engenharia na PUC, que era uma universidade relativamente nova. Fui o coordenador do evento, cuja realização se tornou um acontecimento. No decorrer da exposição, um funcionário me avisou que ninguém menos que Juscelino Kubitschek estava me chamando ao telefone. Respondi, descrente, que não iria atender. Pensei que fosse brincadeira. Por que o presidente da República quereria falar com um garoto de 20 anos, o qual nunca vira? O rapaz insistiu que JK desejava prosear comigo. Fui então até a secretaria e atendi a ligação. Para meu espanto, era mesmo o presidente, dizendo com a maior tranquilidade do mundo que viria à exposição. E, de fato, lá veio ele do Catete, com o carro cercado de policiais em suas motocicletas, como sempre costumava andar na cidade. Eu o estava esperando ao lado do reitor. O presidente passou a mão no meu braço, visitou a mostra e sentou-se, na cerimônia oficial de abertura do evento, junto às demais autoridades presentes. Fiz um discurso empolgado pela presença de JK. O presidente deve ter gostado de minhas palavras, pois, ato contínuo, levantou-se e fez um alentado discurso para os alunos. Foi difícil controlar a emoção.

Após o encerramento dos protocolos do evento, dirigiu-se a mim e perguntou o que poderia fazer pela universidade. Eu, estudante de engenharia, puxei logo a brasa para minha sardinha. Disse que seria muito bem-vinda a instalação de um laboratório de física. JK, muito além das expectativas, atendeu com brevidade ao pedido. Daí em diante, por algum condicionamento carinhoso, sempre que me lembrava do episódio, cantarolava a música que acompanhou toda a vida política do presidente: "Como pode um peixe vivo viver fora d'água fria...".

Mais tarde pude compreender que alguns mistérios são mais simples do que parecem. A presença ostensiva de JK guardava uma explicação nada metafísica. Estava associada a uma nota publicada na capa do jornal *O Globo* no dia seguinte à inauguração da exposição, criticando a ausência do "Presidente Bossa Nova". O evento tinha recebido uma chamada de destaque no periódico do dr. Roberto Marinho. A cutucada da imprensa pegou de chofre JK e seus palacianos, todos ainda sediados no Catete, em plena área central do Rio de Janeiro. O presidente levava a sério assuntos de comunicação. E tratou de, rapidamente, lustrar sua imagem junto à opinião pública, prestigiando a até então desprezada exposição. O enigma da visita de JK estava desvendado.

O encontro com JK é parte do mosaico que tornou aquele tempo inesquecível. Especialmente, os acontecimentos da época na área da economia física tiveram um enorme impacto sobre mim. A ideia portentosa do Plano de Metas de JK, de avançar 50 anos em cinco, construindo Brasília e uma miríade de obras de infraestrutura, foi o que me induziu a tornar-me engenheiro. Antes, já tinha optado pela profissão, mas por um desejo juvenil, quase romântico. Com as obras ocorrendo por toda parte, juntou-se a parte que faltava: a engenharia era a melhor profissão naquele momento econômico tão animador no Brasil. Além da vocação, estava exercendo pragmatismo puro.

O ambicioso programa de industrialização e modernização de Juscelino visava manter o processo de substituição de importações, em curso nas duas décadas anteriores. Concebido como o mais completo conjunto de investimentos planejados até então, o programa definia objetivos setoriais e apresentava 30 metas, subdivididas pelos segmentos de energia, transporte, alimentação, indústria de base e educação. Nessa perspectiva, houve um acerto histórico em ter me especializado em grandes estruturas, pois viria a me tornar, muitos anos depois, presidente da Internacional de Engenharia S/A (Iesa) e projetista de empreendimentos de porte, como Itaipu e Carajás.

—▪—

AINDA DURANTE MINHA FASE de estudante na PUC, anoto um episódio polêmico. Um grupo de alunos queria instituir o chamado "Código de Honra". Esse estatuto correspondia, na verdade, a um favorecimento: quem o assinasse poderia fazer provas sem a presença de professores. Eu, presidente do Diretório Acadêmico, fui contra. Argumentei que aquilo provocaria uma divisão perniciosa dentro da universidade. Se o aluno não assinasse, explicitaria sua intenção de colar? Os que assinassem seriam os bonzinhos e os outros, vigaristas? Se a invencionice vingasse, o estudante só ficaria na faculdade se aderisse ao tal Código de Honra. Não era correto mudar uma regra no meio do caminho, segregando a faculdade em dois grupos antagônicos, em uma espécie de sistema de cotas, de uma forma completamente equivocada.

A discussão sobre o "Código de Honra" gerou uma celeuma monstruosa. Coloquei a Escola Politécnica da PUC em greve. O reitor, padre Artur Alonso, um sacerdote espanhol que gostava muito de mim, entendeu meus argumentos. Ele compreendia a motivação justa do movimento que eu estava promovendo. A greve durou 15 dias, e o "Código de Honra" acabou instituído. Perdi. A reitoria acolheu a proposta e eu fui derrotado fragorosamente. Como sempre, havia outras motivações em jogo. Alguns colegas achavam que eu, por me colocar contra atitudes elitistas, era meio de esquerda, um agitador – coisa que absolutamente nunca fui.

—▪—

EM 1958, fiquei dividido entre duas efemérides: a espetacular campanha da seleção brasileira na Copa do Mundo da Suécia, torneio em que um jogador magrinho, mais conhecido como Pelé, iniciou sua longa realeza no futebol, e o momento da minha formatura em engenharia civil na PUC. Naquele tempo, a cerimônia de formatura era um evento de dar frio na espinha. Passavam-se semanas organizando sua realização. Talvez fosse a primeira grande consagração do jovem ao ingressar na vida adulta. Eu fui escolhido como orador da classe.[1] Sugeri, então, o nome do engenheiro Lucas Lopes, ministro da Fazenda de JK, para patrono da turma. Na audiência

1. No anexo (p. 265), o discurso pronunciado na ocasião da formatura.

solicitada a fim de formalizar o convite, ele, um mineiro muito tímido, me disse que aceitaria de bom grado a missão, desde que não precisasse discursar. E impôs a estranheza como cláusula pétrea.

Para tranquilizá-lo, respondi que o paraninfo, o professor de matemática Carlos Nilo Gondim Pamplona, se encarregaria das formalidades textuais. Durante a cerimônia, teci, evidentemente, elogios ao trabalho que ele estava desenvolvendo à frente do ministério. Ele se emocionou com minhas palavras e, surpreendentemente, decidiu falar. Quebrou a regra combinada e fez um bonito discurso. Para a turma da engenharia, que já estava agradecida daquele silente comparecimento, as palavras de Lucas Lopes ribombavam como o som solene e estrepitoso de uma banda marcial tocando hinos em uma data de comemoração pátria.

Com o diploma de engenheiro em punho, procurei, então, o presidente da Severo Villares, Arnaldo Dumont Villares. Tratava-se de uma renomada empresa de construção civil. Eu tinha tido um passageiro acesso a Arnaldo Dumont por intermédio do reitor da Escola de Engenharia da PUC. Para minha sorte, o presidente da Severo Villares me convidou para trabalhar no setor de orçamentos. A companhia estava participando da construção de Brasília, que passara a integrar o Plano de Metas de JK. Cumprida a promessa de levar a capital brasileira para o Planalto Central, a Severo Villares ficou responsável pela construção de uma parte dos edifícios da Esplanada dos Ministérios.

Quando Juscelino entregou o governo, muitas edificações da joia da coroa tinham sido inauguradas, mas boa parcela dos projetos de saneamento ainda estava por ser executada. Os caminhões levantavam poeira para todos os lados – as nuvens eram vermelhas e pareciam lavas de areia sopradas pelo vento. A moderníssima concepção urbanística e arquitetônica de, respectivamente, Lúcio Costa e Oscar Niemeyer, se materializava no coração do cerrado.

Conheci o poeta Augusto Frederico Schmidt por intermédio de Thomaz Magalhães, que sabia construir amizades tão bem quanto construir pontes. Schmidt era um homem alto e corpulento. Gostava de usar ternos claros. Não passaria despercebido em nenhum lugar que fosse. O poeta se dividia entre rimas e métricas e um furioso pendor para a articulação política. Ele pertencia à segunda geração do Modernismo brasileiro. Nos anos 1930, havia fundado, no Rio de Janeiro, a Livraria Católica, que se convertera em ponto de encontro dos intelectuais da época, como Afonso Arinos de Mello Franco, Alceu Amoroso Lima, Sobral Pinto e Manoel Bandeira. Quando pude dispor de sua generosidade intelectual, o poeta já era uma espécie de embaixador do presidente Juscelino Kubitschek e também seu *ghost writer* predileto, além de empreendedor de fôlego – ainda que com tino duvidoso para os negócios.

Eu era bem mais novo e adorava usufruir daquele papo inteligente nos almoços aos quais ele me concedia, generosamente, a presença. Schmidt era daqueles indivíduos com vocação para o gregário. Síndico de condomínio, diretor de clube literário, líder das discussões nos bares, foi presidente de clube de futebol – o Botafogo, seu time amado, entre 1941 e 1942. Não é surpresa que aquele coração não aguentasse muito tempo carregar um caminhão tão desenfreado. Na década de 1960, quando ainda predominavam os caderninhos de "pendura" nas tradicionais vendinhas e mercearias de bairro, ele abriu, no Rio de Janeiro, a rede de supermercados Disco, considerada a primeira do Brasil no molde varejista norte-americano. Comprar no Disco era simplesmente um luxo, com todas as mercadorias arrumadas em prateleiras bem organizadas, num ambiente limpo e agradável.

Schmidt respirava poemas, política e negócios por todos os poros. Ele tornou-se sócio majoritário da Orquima, indústria química precursora na área de energia nuclear no país, encampada pela Nuclebrás em 1975. Viria também a ser um dos sócios da lendária Panair do Brasil. Apesar de filho de família abastada – o avô, Frederico Augusto Schmidt, o visconde de Schmidt, fora um dos homens mais ricos do Império –, teve de se virar sozinho. Quando ainda residia na Suíça, a empresa de importação e exportação, a Schmidt & Cia., na rua da Alfândega, 70, provedora da família, foi levada à falência. Pode-se afirmar, portanto, que era um *self-made man*. O escritor Gilberto Freire gostava de dizer que "Schimdt fizera fortuna à sua custa".

Havia uma figura comum em nossas conversas: Carlos Lacerda. Schimdt odiava o jornalista e governador com toda a força dos seus tantos e tantos quilos. Eu tinha admiração e simpatia por Lacerda. Ficava calado, ouvindo, porque não era o caso de fazer a defesa do político que melhor se defendia no país. Era briga para gente graúda. Mas dava corda para ele falar sobre o Lacerda. Schimdt tinha começado uma colaboração no jornal *O Globo*, para o qual passou a escrever artigos. Tornou-se também muito amigo de Roberto Marinho, outro alvo de minha admiração – uma força viva, um grande empresário do seu tempo. Schimdt, com seus contatos, bastante contribuiu para o estabelecimento da Rede Globo de Televisão – cuja inauguração, em 1965, não chegaria a assistir. Devido ao estilo esfuziante, à coleção de amigos e adversários, à assumida posição americanista e ao seu papel como eminência parda de JK, ganhou o apelido de "Gordinho Sinistro". Para mim, era um gordinho adorável.

Chamavam-no de cardeal Richelieu redivivo, manipulador e outros adjetivos pouco abonadores. No fundo, era tudo inveja pelo fato de o presidente guardar uma confiança cega no seu poeta – que o aconselhava e, não raras vezes, vocalizava por JK, além, claro, de redigir seus discursos e artigos.

Os aliados babavam de ódio. Ciúme de homem é pior que o de mulher. Foi Schmidt quem cunhou o famoso *slogan* "50 anos em 5" do Plano de Metas, que mostrava JK como um possesso capaz de reproduzir em sua gestão o milagre dos pães. No caso daquele governo, para ser mais preciso, seria o milagre dos anos. Saiu da sua cabeça também a ideia de criação da Operação Pan-Americana (OPA), de 1958. Após Richard Nixon, então vice-presidente dos Estados Unidos, ter passado por uma tentativa de agressões vinda de manifestantes de esquerda na Venezuela, a ideia era que somente a erradicação da miséria poderia neutralizar o fantasma do comunismo na América Latina. O incentivo ao desenvolvimento socioeconômico do continente se daria por meio da cooperação internacional, leia-se Estados Unidos, o maior interessado na contenção da expansão comunista mundo afora. Sem resultados práticos imediatos, a OPA acabou inspirando a criação do Banco

Interamericano de Desenvolvimento (BID) e da Associação Latino-Americana de Livre Comércio (Alalc) em 1960. Pode-se afirmar que a OPA foi também o embrião da Aliança para o Progresso, versão norte-americana da proposta de Schmidt com a mesmíssima finalidade, agora sob a batuta de John Kennedy.

Schmidt atuou como assessor especial da Presidência da República para assuntos internacionais e embaixador do Brasil na ONU e na então Comunidade Econômica Europeia (CEE). Costumava hospedar JK em seu apartamento de Copacabana. Naquele recanto privilegiado da rua Paula Freitas, assisti a conversas alongadas e interessantíssimas do poeta com o presidente. O primeiro buscava convencer o segundo a voltar ao governo, de um modo ou de outro. JK ria, cheio de charme, com aquele jeito de quem concordava sempre, mesmo discordando. O fantástico era estar junto com aqueles altíssimos protagonistas da República, despojados, completamente à vontade, gravatas soltas e sem meias-palavras. Ficávamos os três papeando por horas a fio. Eu era um privilegiado. JK, invariavelmente estirado no sofá, de calça, paletó, colete, gravata e meias – mas sem sapatos, por causa dos calos nos pés. Gostava de ouvir. Mas quem não gostava de ouvir o Schmidt?

Eleito senador por Goiás em 1962, JK tentava viabilizar sua nova candidatura à presidência ante o sufrágio que ocorreria três anos depois. A Revolução de 1964, no entanto, não só ceifou suas pretensões democráticas como lhe cassou o mandato e suspendeu seus direitos políticos, acusado de corrupção e de inclinações comunistas. Amargurado, ele então partiu para um exílio voluntário entre os Estados Unidos e a Europa, sem que ninguém provasse ter havido roubalheira em Brasília durante seu reinado. E comunista, francamente, Juscelino não era. Ao contrário do que bradavam os adversários, ele não dispunha de reservas financeiras capazes de lhe bancar o sustento. No regresso ao Brasil, em 1967, juntou-se aos genros Baldomero Barbará Neto (casado com sua filha Márcia) e Rodrigo Pádua Lopes (filho de Lucas Lopes, casado com Maria Estela e ministro da Fazenda do conterrâneo Juscelino), já proprietários de uma corretora de valores, para a fundação de um banco de investimentos – o Denasa – Desenvolvimento Nacional S/A, do qual se tornou presidente. Seu prestígio pessoal amealhou bons negócios à nova instituição até 1975, quando aconteceu a conturbada separação de Márcia e Baldomero, e JK se viu na contingência de largar a sociedade.

Durante todo o tempo, Schmidt esteve ao lado de JK, defendendo-o como se fosse um lanceiro da sua armada. Como nutria boas relações com o marechal Castello Branco, pediu ao presidente pela anistia de JK. Em sua visão, não havia nada que o comparasse aos demais cassados. Castello, que tinha um espírito nacionalista e parecia o mais sensível a argumentos intelectualizados, era sua derradeira esperança. Mas o marechal não o atendeu. Schmidt, a partir daí, bandeou-se para a oposição e passou o resto da sua curta vida escrevendo artigos e discursando contra o regime militar. Faleceu em 8 de fevereiro de 1965 – 13 dias antes que eu completasse 30 anos.

Guardo com afeto histórias que só poderiam brotar de uma alma delicada como a do poeta. Uma vez, eu almoçava com o pessoal da Montreal – empresa de engenharia da qual era acionista – num restaurante próximo à sua sede, na rua São José – e Schmidt também estava lá, mas em outra mesa. Sua presença era magnética. Cumprimentei-o e fiquei observando curioso. De repente, adentra o recinto uma senhora pedindo esmola e, como ninguém se dignasse a lhe dar um tostão, ela começou a chorar. Comovido com o pungente momento, o poeta, para espanto de todos os comensais, ajoelhou-se aos pés da mendicante e, mimetizando-a, desabou em prantos. Agarrado na barra de sua saia, despejava uma torrente de lágrimas. Passado o susto, tempos depois, perguntei com muito jeito o que tinha acontecido com ele naquele dia. Schmidt me respondeu então com a singeleza dos poetas: “Simplesmente eu não aguento ver mulher chorando”. Devo-lhe um oceano de lições.

6. Nos trilhos

Enquanto cursava a faculdade, estagiei, aos 20 anos, na Rede Ferroviária Federal (RFFSA), uma sociedade de economia mista, vinculada ao Ministério dos Transportes, criada em 1957. Atendia diretamente a 19 estados, em quatro das cinco grandes regiões do país, operando uma malha que chegou a 22 mil quilômetros de linhas, o correspondente a mais de 70% do total nacional. Para a época, eram dimensões ciclópicas. Entrei na empresa como controlador de trem, junto a mais umas 15 pessoas, entre outros estagiários e técnicos iniciantes.

A rotina na RFFSA era uma luta insana. Sem computador, que sequer povoava os nossos sonhos, apenas com uma prancheta na mão, ouvíamos pelo telefone de onde vinham os trens. Havia locomotivas partindo de todas as direções – muitas vezes na mesma linha – daquela grande malha dos subúrbios da Central. Precisávamos de uma atenção infinita para desenhar os roteiros e apontar os desvios necessários de modo a evitar o choque entre os comboios. Era um trabalho primitivo, exaustivo, porque vivenciávamos permanentemente a sensação de que uma ordem incorreta poderia provocar um desastre tremendo, cabendo a culpa ao controlador. Imagine viver com o risco de catástrofe iminente e com permanente sensação de culpa pela materialização do hipotético desastre. Pois é desse sentimento que estamos falando.

Nesse cotidiano massacrante, quando estava prestes a me formar na PUC, o engenheiro chefe da RFFSA me propôs fazer um concurso para que eu me efetivasse na empresa. Porém eu tinha minhas pretensões e incômodos com a carreira de ferroviário. Não queria ser funcionário público, trajetória profissional, aliás, muito cobiçada. Eu queria experimentar a empresa privada e buscar, preferencialmente, um emprego no qual pudesse exercitar minha formação de engenheiro. Saí em campo em busca de "esvoaço" mais alto. E consegui embarcar na Varig. Meu primeiro emprego, portanto, foi na companhia aérea – já naquele tempo portentosa – que viria a se tornar a maior do país. Ou seja, não fui laborar nas asas da Panair, mas nas da Varig.

Minha passagem pela primeira *air line* nacional – fundada em 1927 pelo alemão Otto Ernst Meyer –, com o perdão pelo clichê, foi o mais breve voo profissional da minha carreira. Encaminhei ao presidente da Varig, Rubem Berta, uma carta na qual me habilitava a trabalhar na empresa. Fui chamado para uma entrevista com o próprio, um executivo de renome, no seu escritório da avenida Rio Branco, vizinho ao Clube Militar, no Rio de Janeiro.

Berta gostou de mim e me despachou para o Rio Grande do Sul, onde ficava a sede da Varig. Fui alocado à área de orçamento. Mas não me adaptei por lá. Nada contra a Varig. Apenas não conhecia ninguém, e minha mãe estava sozinha no Rio. Meu irmão casara-se cedo e tinha ido tocar a vida. Em um futuro que se revelaria não tão distante, Evandro moraria ainda mais longe, mas por influência minha. Seu destino seria a direção do escritório da Montreal, em

Londres, uma base comercial da nossa firma voltada para a importação de equipamentos de engenharia. Mas esse é um assunto para mais a frente. De volta às minhas atribuições na Varig, passados seis meses de minha chegada aos pampas e depois de trabalhar com uma equipe quase toda de formação alemã, acabei desistindo da companhia e voltando à minha cidade. O recomeço no Rio foi o verdadeiro início da minha história profissional.

Pouco antes de concluir o curso de engenharia, fui acometido de uma vontade febril de viajar ao exterior. Meu alvo eram os Estados Unidos, um passeio caríssimo à época. Sem dinheiro, decidi buscar alguma solução criativa que reduzisse o custo da viagem. A melhor ideia foi organizar uma excursão. Um colega de turma – Salik Reisner – ajudou a montar um grupo com 23 pessoas. A passagem saía de graça para mim, o organizador do passeio. E eu ainda cobrei um extra de US$ 50 por pessoa. Angariei um total de R$ 1 mil, uma pequena fortuna então – de maneira que realizamos uma tonificada excursão. Fomos para uma universidade no sul dos Estados Unidos, localizada em uma cidade chamada Biloxi, no litoral do estado do Mississipi, em pleno centro do racismo da Ku Klux Klan (KKK). Naquele período, final dos anos 1950, os Estados Unidos estavam efervescentes, com discussões amplas sobre política, racismo e comportamento. Um dos rapazes que nos acompanhou na viagem chamava-se Edgard. Ele era oficial do Exército e mulato, o que se encarava como uma espécie de crime nos Estados Unidos, país arquiconservador da época. Para protegê-lo, tínhamos de andar juntos o tempo inteiro. Quando a aeronave desceu em Miami, bastou nós entrarmos no aeroporto e a primeira coisa que ele fez, distraído, foi entrar no banheiro que tinha a placa *white only* pendurada na porta. Fomos correndo buscá-lo frente à iminência de constrangimentos e até agressões. Não era sopa naquele tempo. Edgard tinha de ter escolhido a porta com a placa *colored only*. Na universidade, se ele adentrasse qualquer lugar, todos se retiravam imediatamente. Uma coisa horrorosa! Imagine só: caso saísse sozinho, corria o risco de tomar uma surra da KKK. Durante a missa na igreja católica, por exemplo, os brancos ficavam no térreo, nos melhores lugares, e os afrodescendentes, apertados no andar de cima. No ônibus, havia a segregação entre os que viajavam na parte da frente e na de trás. Nós, no Brasil, não vivíamos nada sequer parecido. Aquele preconceito racial me marcou profundamente.

Viajamos boa parte dos Estados Unidos de ônibus, pela Greyhound Lines. De Biloxi, seguimos para Nova York, Washington e Detroit. E, nas cataratas do Niágara, conheci o Enaldo Cravo Peixoto, fundador da Superintendência de Urbanização e Saneamento (Sursan) – autarquia criada sob um regime administrativo especial, com prazo de existência definido em 10 anos, para cumprir o intensivo programa de obras do estado da Guanabara. Cravo Peixoto, um homem muito alegre e comunicativo, ao avistar aquele grupo de brasileiros, dirigiu-se a nós. Havia moças, alunas de filosofia, casais um pouco mais velhos; estudante de engenharia, apenas eu. Quando ele soube disso, me chamou para trabalhar na Sursan, um órgão inovador da administração pública do Rio de Janeiro, cujo quadro profissional era reconhecido nacionalmente pela excelência técnica. A Sursan executava um conjunto de obras ligando diversos trechos da cidade. Quis o destino, com seus caminhos transversos, que eu fosse trabalhar naquele mesmo órgão da prefeitura. Mas eu só aceitaria o convite tempos depois.

—▪—

HÁ UMA RECORDAÇÃO DIVERTIDA dessa viagem inaugural aos Estados Unidos. Uma das moças participantes da excursão era filha de um professor da PUC. Ao saber que eu liderava a caravana, ele me procurou para dizer o seguinte: "Minha filha está indo nessa viagem. Mas se você suspeitar de que ela está namorando alguém por lá, por favor, me mande ela de volta". E eu, com apenas 22 anos e já chefiando uma "missão internacional", devo ter inspirado confiança na fera para vigiar sua bela. Perguntei: "E como vou proibir sua filha de fazer algo, se ela é maior de idade?". "Se você não assumir o compromisso de vigiá-la e mandá-la de volta em caso de suspeição, ela não vai", decretou o pai da moça que, pelo jeito, devia ser "da pá virada".

E assim fomos deslizando pelas rotas norte-americanas. Um belo dia, em uma das universidades visitadas, a referida moça merecedora de cuidados me avisa, solenemente: "Olha, hoje eu vou sair de noite com um rapaz e só volto amanhã". Ponderei que então ela teria que retornar ao Rio, devido ao trato pactuado com seu pai. "Ah, conheci um mexicano ótimo, correto, rapaz de família", tentou me levar na lábia. Nada feito. Sempre fui cumpridor de missões. Embarquei-a no avião que fazia a rota Biloxi-Nova Orleans. E relaxei por me livrar da incumbência. Tempos depois, vim a saber que ela, em vez de desembarcar em Miami e pegar a conexão para o Brasil, ficou por lá mesmo, disposta a consumar seu plano estratégico de casamento com o mexicano. Danada a moça. Vida que segue.

8. Estação Turim

Em 1960, a empresa italiana Olivetti, principal companhia de máquinas de datilografia do mundo, estava oferecendo uma bolsa de estudos integral para mestrado na escola de Administração de Empresas IPSOA. O curso seria ministrado em Turim, na região do Piemonte, sede da companhia. O IPSOA era um instituto muito bem reputado internacionalmente. Eu já tinha planos de conhecer o Velho Continente. Mas, assim como não dispunha de recursos para ir aos Estados Unidos, conforme narrei anteriormente, também não tinha *l'argent* para financiar a viagem à Europa. Decidi me habilitar à bolsa patrocinada pela Olivetti, que exigia, além de uma performance escolar acima da média, pelo menos três cartas de recomendação assinadas por personalidades de peso.

Aos 25 anos, evidentemente, eu não conhecia muitas pessoas influentes. Decidi, então, pedir uma audiência ao cardeal arcebispo da Arquidiocese do Rio de Janeiro, d. Jaime de Barros Câmara, que era também grão-chanceler da PUC-Rio. A deusa fortuna sorriu para mim. Expliquei minha situação a d. Jaime e ele me concedeu uma carta de apresentação. A segunda pessoa que procurei foi o comandante da Polícia Militar do Estado da Guanabara. Dirigi-me à residência oficial do chefe da corporação, na avenida Oswaldo Cruz, e com a cara e a coragem toquei a campainha. Fui atendido de uma forma menos cordial do que com d. Jaime Câmara. Explanei minhas pretensões e mostrei meu currículo. O oficial ouviu meu pleito e disse: "O senhor deixe seus documentos que vamos conferi-los e ver o que podemos fazer". Passada uma semana, igualmente me concedeu a carta. O terceiro personagem a me recomendar para a bolsa de estudos foi o paraninfo da minha formatura na PUC-Rio, Carlos Nilo Gondim Pamplona, por motivos óbvios uma missão menos atribulada que as demais.

O programa disponibilizado pela Olivetti em Turim cobria os custos de estadia e alimentação, mas não estavam inclusas as passagens de ida e volta. O meio de transporte menos oneroso à época era o navio. Solicitei uma bolsa de estudos também à Coordenação de Aperfeiçoamento de Pessoal de Nível Superior (Capes) do Ministério da Educação e Cultura (MEC), no valor de US$ 1 por dia, o que na época não era inexpressivo. Mesmo assim, o montante previsto não seria suficiente para aquisição do bilhete marítimo. Como essa concessão foi se atrasando – só viria a receber seis meses depois de chegar à Itália –, procurei um dos diretores da Severo Villares, dr. Maurício Amoroso Teixeira de Castro, que, fraternalmente, atendeu ao meu pedido de empréstimo da ordem de US$ 4 mil. Foi um personagem especial. Ele não só me deu esse empurrão na vida profissional como viria a tornar-se meu padrinho de casamento cinco anos mais tarde.

Com parcos recursos, comprei uma passagem de terceira classe no navio. A cabine em que viajei ficava debaixo d'água, nem janela tinha. E hospedava um grupo de oito pessoas. Lembro-me bem de um paraguaio – os demais eram italianos, que compravam roupas no Brasil e na Argentina para revender na Europa. Quando fizemos escala em Santos, o companheiro do paraguaio descobriu que haviam roubado todo o seu dinheiro e se viu frente a uma situação angustiante. Compadecidos, saímos eu e os italianos em peregrinação pela primeira classe, pedindo dinheiro para o nosso companheiro de quarto. Movidos pela solidariedade, decidimos prosseguir na coleta por toda a embarcação, que devia transportar mais de mil pessoas. Ao término, conseguimos arrecadar uma quantia que garantiu a ida do rapaz para estudar na Espanha, onde o navio aportaria depois do transbordo na Itália. Um final feliz.

— ▪ —

OS TERMÔMETROS MARCAVAM glaciais 20 graus abaixo de zero no inverno de Turim. E tudo que eu tinha para enfrentá-los era um sobretudo argentino, insuficiente até para encarar o frio da serra fluminense. A cidade ainda se ressentia dos rescaldos da guerra, que acabara 15 anos antes. Devido à presença da sede da companhia automobilística Fiat, que tinha se convertido em uma montadora de tanques, Turim sofrera bombardeios diários durante o conflito. Encontravam-se destroços por todo lado. Era como se as batalhas tivessem terminado, mas o cenário de guerra permanecesse intacto. Guardo em minhas memórias bem vívidas aquelas imagens até hoje – imagens de um anfiteatro de morte e destruição.

Não bastasse o frio natural da região, aluguei um quarto com o piso em pedra mármore. Quem conhece temperaturas extremamente baixas sabe do que se trata ter um chão de mármore debaixo dos pés. É algo que potencializa a sensação gélida, levando-a da sola ao topo do crânio. Bem, para que não haja dúvidas, desde já esclareço: a escolha da locação não foi por masoquismo, mas por absoluta dificuldade de opção. Os astros pareciam conspirar contra mim. A dona da estalagem não oferecia água quente, e eu não conseguia fazer a barba com água gelada. Comprei então um pequeno aquecedor, que colocava sobre a pia. Mas a resistência do aparelho provocou uma elevação na conta de luz muito acima do esperado. Um dia, quando saí para estudar, ela deu uma batida no apartamento e descobriu a arma do crime. "O senhor não pode usar esse aparelho!", esbravejou.

O saldo final é que eu não podia fazer a barba e nem tomar banho. As duas necessidades tornaram-se uma efeméride que só ocorria uma vez por semana, em uma estação ferroviária. Em meio a tão draconianas restrições, podia fazer pelo menos uma escolha com relação ao banho: *senza sapone* e *con sapone*. Em 2012 voltei a Turim com minha mulher. A cidade estava completamente diferente, arrumada, despoluída. A estação que me salvara de virar um terrível homem das cavernas, porém, seguia firme e forte, ajudando novos forasteiros.

Naquele clima ártico, conheci um rapaz da região da Sicília, no sul da Itália – muito mais quente que Turim – que passava pelo mesmo aperto que eu. Ele me ensinou que a primeira providência a tomar seria a compra de um sapato com sola de borracha, para impedir que a umidade congelasse os pés, e a troca do sobretudo por uma peça de lã grossa. O tal rapaz veio a tornar-se secretário-geral do Partido Comunista Italiano (PCI). Muitos anos depois daqueles seus sábios conselhos, quando eu já tinha estabilizado minha vida, o *dirigenti*, ainda fortíssimo, passou uma semana no sítio que tive em Itaipava, na serra fluminense, contando histórias do PCI. Eu chegara a assistir com ele a comícios em Roma, em 1960 – um fenômeno impressionante, reunindo dezenas de milhares de pessoas nas ruas. Só não tomaram o poder porque a Igreja, poderosíssima, estava excomungando literalmente quem se filiasse ao partido.

Entre impermeáveis casacos e botas, vivi quase um ano e meio em Turim, cursando o mestrado em administração. Foi uma experiência notável, especialmente devido à mistura de professores italianos com norte-americanos das universidades de Harvard, Stanford e Yale e do Massachusetts Institute of Technology (MIT). Eu falava italiano tão bem que, quando a Maria Ester Bueno, campeã mundial de tênis à época, foi jogar em Milão, meus amigos locais me levaram junto, para poder traduzir a conversa que teriam com ela. Na hora do *show*, para decepção geral, por alguma distonia, eu não consegui me comunicar corretamente nem em português, nem em italiano – metade da frase saía no idioma pátrio e a outra, no de Dante Alighieri. Fiquei envergonhadíssimo diante de todos.

Os dias se seguiram com a rotina de estudos intensos. Ao finalmente receber o dinheiro referente à bolsa da Capes, mudei-me do quarto com piso de mármore para um apartamentinho mais condizente com as minhas expectativas mínimas de qualidade de vida, onde morei até concluir o mestrado. A situação melhorou tanto que pude até comprar um Volkswagen velho, daqueles com duas janelinhas atrás, e sair passeando pela Europa. Mas o que me recordo mesmo, como se fosse hoje, é daquela sensação térmica. Foram dias frios, aqueles em Turim.

9. Lacerda

O mestrado da Olivetti me seria, de fato, muito útil no regresso ao Brasil – em cujo trajeto foi anunciada, a bordo do navio, a renúncia de Jânio Quadros à Presidência da República. Era agosto de 1961. Voltei à Severo Villares e, com o que recebia de salário, saldei em pouco tempo a dívida de US$ 4 mil que contraíra com o dr. Maurício para viajar. Lembrei-me, então, do convite, antes mesmo da minha formatura, para trabalhar na Sursan, feito por seu diretor, Enaldo Cravo Peixoto, ao som da mais volumosa queda d'água dos Estados Unidos, as cataratas do Niágara. Acumulei o emprego da Severo Villares com o de vice-diretor financeiro da principal autarquia – responsável por todas as obras de saneamento – do então estado da Guanabara, na administração Carlos Lacerda. Trabalhava que nem um condenado.

Eu me encontrava pelo menos uma vez por semana, sempre aos sábados, com o governador Carlos Lacerda na sede da Sursan. Além dos diversos secretários, ele levava para as reuniões o vice-governador Raphael de Almeida Magalhães, executivos, advogados e procuradores, compondo uma equipe muito qualificada em torno de 15 pessoas. Era um sistema de gestão interessante, moderno, porque, a partir de uma decisão tomada em conjunto, os advogados já preparavam os atos e projetos de lei necessários ao seu desembaraço jurídico – Lacerda ainda dispunha de uma forte maioria na Assembleia Legislativa.

Dessa maneira, os processos caminhavam com grande celeridade, auxiliados, ainda, por uma junta de controle do Tribunal de Contas do Estado (TCE), dirigida por João Lyra Filho, dentro da Sursan. Atos burocráticos que hoje demoram uma barbaridade eram resolvidos ali na hora. Esse procedimento possibilitou a construção dentro do prazo (cinco anos) do Sistema Guandu, a maior estação de tratamento de água em volume produzido continuamente no Brasil, inaugurado em 1965 e até hoje responsável pelo abastecimento do Grande Rio. Na época, a região enfrentava problemas de racionamento diário. Lacerda partiu para solucioná-los efetivamente por meio dessa obra ciclópica, sob a direção de Cravo Peixoto e financiada pelo Banco Interamericano de Desenvolvimento (BID).

A execução do Guandu – por empresas projetistas e construtoras brasileiras, com os equipamentos principais importados – representou um imenso desafio técnico, vencido com êxito pela nossa engenharia, ao desviar o curso do rio Paraíba do Sul e erguer duas grandes barragens com comportas e a elevatória do Lameirão, com suas estruturas hidráulicas construídas a 65 metros de profundidade. Um portento, mesmo se comparado a congêneres no resto do mundo. Houve, também, a necessidade de construir um túnel de 40 quilômetros para ligar Nova Iguaçu, na Baixada Fluminense, ao Jardim Botânico, na Zona Sul do Rio, de onde seguia um subtrecho até a Zona Norte. No prazo exíguo dado, tudo parecia uma missão impossível. Mas não era. O sistema de trabalho funcionava.

Nesse período, fui enviado por Cravo Peixoto a uma superintendência similar à Sursan na Filadélfia, no intuito de estudar o sistema de tarifas adotado na cidade norte-americana. Isso porque ainda não tínhamos a cobrança de água pelo consumo: a taxa simplesmente equivalia ao que se pagava de Imposto Predial e Territorial Urbano (IPTU). Se o usuário gastava muito ou pouco era irrelevante. E acabamos implantando no Rio um sistema de fixação de preços semelhante ao da Filadélfia, com a cobrança efetuada por metro cúbico e crescente, em conformidade ao consumo. Esse modelo passou por transformações e, atualmente, discrimina-se a medição por bairros. Mas, na essência, continua o velho e bom método aprendido no estado da Pensilvânia.

—▪—

OUTRA OBRA MONUMENTAL da qual participei diretamente no governo Carlos Lacerda foi a construção do Aterro do Flamengo, também inaugurado em 1965, conduzida por Maria Carlota de Macedo Soares. Arquiteta autodidata, mulher interessantíssima, com forte personalidade, Lota (seu apelido) era uma pessoa de confiança absoluta de Lacerda. Tudo o que dissesse, o chefe aceitava. E teve o mérito de dirigir aquela magnífica empreitada – totalizando 1,2 milhão de metros quadrados –, com mão de ferro. O parque não constituía uma obra embaraçosa do ponto de vista técnico; a grande dificuldade estava na contenção da água, por meio da edificação de muralhas, evitando que o mar invadisse a praia e destruísse todo aquele trabalho monumental.

O Aterro do Flamengo foi projetado pelo Instituto de Engenharia Marítima de Lisboa. Seu laboratório era o mais avançado do mundo, em uma época sem computadores. Ele fazia simulações analógicas de ventos e marés. As obras começaram com o desmonte do morro Santo Antônio e a distribuição de terras por caminhões. Mas depois verificamos que somente esse meio de transposição era insuficiente. Passamos então a trazer a areia diretamente do mar, a partir da metade da praia de Botafogo, para lançá-la na área do aterro.

No meio da obra, a arrojada Lota decide que o aterro deveria ter um sistema especial de iluminação, que remetesse à luz da lua – e não pura e simplesmente um encadeamento sem fim de lâmpadas comuns. Lacerda, claro, aceitou. Ele tinha preferência especial pelas empreitadas mais difíceis, ainda mais se fossem defendidas pela Lota, que era muito influente. E lá fui eu para os Estados Unidos, incumbido de visitar os especialistas do ramo. Encontrei um técnico genial que, ao examinar as plantas do projeto, afirmou: "Só há uma solução: instalar uma série de postes de 40 metros de altura que, acesos lá de cima, simularão a luz da lua, em vez daquela simplória iluminação normal de rua".

Considerei uma obra inteiramente fora do padrão. Não fossem a comprovada determinação e o tino de Lacerda de coordenar a equipe em projetos aparentemente impossíveis, simplesmente não seria factível. Aprovada a proposta, o levantamento das gigantescas torres de concreto foi iniciado de imediato, obedecendo às rigorosas determinações do engenheiro norte-americano, incluindo um complexo estudo de gravidade. Se as peças de concreto não fossem içadas pelas gruas nos pontos exatos para calçamento no solo, certamente se quebrariam. Mas o meticuloso engenho foi um sucesso. O Aterro do Flamengo permanece até hoje tão moderno e grandioso quanto na época da sua construção.

Ainda em relação ao aterro, lembro que Lacerda tinha um amigo que era dono da firma de fundações encarregada de retirar os muros de onde estavam originalmente e reinstalá-los na avenida Rui Barbosa. Como não vinha recebendo o pagamento pelos serviços prestados, ele me procurou – na minha condição de vice-diretor financeiro – para buscar uma solução, porque o governo estava no fim. Em uma daquelas reuniões de equipe dedicadas à discussão dos assuntos pendentes, levei a questão ao governador, informando que não tínhamos verba orçamentária para empenhar e fazer o pagamento à empresa.

Propus então uma solução heterodoxa, porém absolutamente legal: criar a rubrica "Diversos – Responsabilidade Carlos Lacerda". "Mas, à frente, o senhor vai ter de se explicar", alertei-o. E não deu outra. O novo governo partiu para cima do Lacerda, que acabou absolvido pela Assembleia Legislativa. Às vezes, as circunstâncias exigiam certa improvisação, e Lacerda, nesse sentido, era rápido, ágil, com um secretariado relativamente jovem. Um ser de inteligência superior, além de um orador excepcional. Como executivo, ele se fazia muito presente, atuante. E demonstrava a capacidade rara de "delegar controlando". É como se fosse um oxímoro: fazer tudo não era com ele, mas fazer tudo era com ele, sim.

—▪—

OUTRO MOMENTO IMPORTANTE que acompanhei se relacionou à execução das obras do emissário oceânico, também fruto de estudos do laboratório de engenharia dos portugueses. Na época, todo o esgoto do Rio era jogado no mar, sem tratamento algum, o que poluía intensamente as praias de Copacabana, Ipanema, Botafogo e Flamengo. Lacerda solicitou um financiamento ao Banco Interamericano para criar o sistema do interceptor, que abarcava desde os municípios de Nova Iguaçu e Caxias até o bairro do Joá, na Zona Sul do Rio, onde a tubulação avançava cerca de dois quilômetros, para que a maré jogasse o detrito processado em alto-mar.

A Sursan me mandou a Lisboa, para observar as simulações de desempenho de um projeto piloto, montado em tanques gigantescos, instalados naquele mesmo laboratório marítimo que projetara a proteção para o Aterro do Flamengo. Voltei junto com os técnicos portugueses. Eles vieram ao Brasil supervisionar as obras, que incluíam ainda as estações de tratamento sanitário intermediárias, como as de Copacabana e Ipanema. Hoje, as praias de Botafogo e Flamengo não são limpas, mas a causa não se deve ao esgoto, e sim à carga de sujeira depositada na baía de Guanabara de modo geral.

Na véspera, precisamente, da eleição estadual, inauguramos – agora com o vice Raphael de Almeida Magalhães substituindo Lacerda, que havia sido cassado como governador – o túnel Rebouças, ligando a Zona Norte à Zona Sul da cidade. Todo esse extraordinário universo de realizações só foi possível devido à sinergia entre a montagem de um esquema de financiamento eficaz – parte significativa via Banco Interamericano e, em menor escala, pelo Banco Mundial – e à agilidade burocrática do modelo de gestão. E, é claro, a competência e destreza política de Carlos Lacerda, notadamente para desembaraçar os entraves às obras públicas.

No final do governo Lacerda, passei em oitavo lugar num concurso para engenheiro do estado. Na gestão dele não trabalhei como funcionário público, mas em cargo comissionado. Só que, quando o candidato da situação, Flexa Ribeiro, perdeu a sucessão do governo do estado para Negrão de Lima – aliás, um homem muito fino, diplomata, bastante preparado –, todos que tiveram atribuições importantes no governo foram simplesmente isolados numa sala, sem função nenhuma e com a desfaçatez de embolsar o salário, assinando o ponto uma vez no mês. De maneira que decidi pedir demissão. Nunca fui dado a sinecuras.

Para meu espanto, encontrei a maior resistência. Fui chamado de maluco, porque, afinal, era um sacrilégio alguém pedir as contas do serviço público. Aos 30 anos, estava premiado com uma vida garantida. Contudo, aquele caminho era vexatório. Tirei meu paletó da cadeira e avisei que iria trabalhar em outra seara. Tentaram me demover de todas as maneiras do que consideravam uma tresloucada ideia. Pressionei: "Se não aceitarem meu pedido de demissão, vou abandonar o emprego e vocês terão que me exonerar por justa causa". E assim se deu. Cheguei até a passar num outro concurso, da Petrobras, mas nem tomei posse porque achei a remuneração baixa.

A derrota de Flexa Ribeiro foi, sem dúvida, o estopim para que eu deixasse as lides do setor público. Se ele tivesse vencido a eleição para o governo, talvez tivesse adiado a minha decisão de partir para a iniciativa privada. Flexa era diretor do Colégio Andrews e tinha feito, quando secretário de Educação, uma revolução no ensino do Rio de Janeiro, ao lado de Mário Henrique Simonsen, um jovem requintado e com inteligência assombrosa. Na época, havia uma enorme carência de salas de aula em relação à demanda de estudantes e Simonsen criou um sistema de rotatividade nas escolas que dobrou o número de vagas, contemplando todos os postulantes. Minha história com Flexa ficou circunscrita àquele período de nossas vidas. Já com Simonsen, trilharíamos um caminho mais longo, no qual pude assistir ao espetáculo da sua inteligência e manifestar minha imensa admiração.

10. Meira Mattos

O general Carlos de Meira Mattos é um capítulo vasto e diversificado da minha vida, seja pela amizade, pela sabedoria ou pelos importantes relacionamentos que ele, da forma mais generosa, compartilhou comigo. Conheci-o pouco depois de ele ter sido vítima de uma injustiça no Exército. Na segunda metade da década de 1970, Meira Mattos, no intuito de não ser "bigodeado" – jargão para quando se é preterido na escala de promoções por outro oficial com menos tempo de serviço –, pleiteou direito à reforma. Ele reunia todos os requisitos para alçar à condição de general quatro estrelas, inclusive porque serviu ao país na guerra. O general Ernesto Geisel, no entanto, negou-lhe a distinção. O presidente era imperial. Desdenhava tradições e protocolos, a exemplo do *Almanaque do Exército*, listagem na qual se podiam antever as promoções pelo critério da antiguidade. O caso mais emblemático foi o do general João Figueiredo, que obteve a graduação máxima. Geisel queria porque queria fazer Figueiredo presidente da República. E, no regime militar, o presidente precisava ostentar as quatro estrelas no galardão na farda. Geisel podia muito, mas não a ponto de ignorar a importância das quatro estrelas para o estamento.

Ao tomar posse como presidente da República, em 1964, Castello Branco, já viúvo, sentia-se muito solitário quando estava nos finais de semana em sua casa no Rio, no bairro de Ipanema. Geisel então era o chefe da Casa Militar e Meira Mattos, o subchefe. Ocorre que Castello tinha uma história em comum com Mattos, daquelas que aproximam os homens para sempre: os dois lutaram juntos na Itália, nos batalhões da FEB, na II Guerra Mundial. No governo do general Castello Branco, Meira Mattos cumpriu a missão de liderar as tropas que invadiram e fecharam o Congresso Nacional por tempo determinado. Essas ações não estavam no campo das considerações sobre a concordância ou não em relação à iniciativa. Na área militar, predomina a hierarquia, mas o fato é que o general Meira Mattos ficou marcado o resto da vida por esse ato. O interessante é que foi o mesmo coronel que liderou as tropas brasileiras que foram a São Domingos defender a democracia e permitir que se votasse livremente.

Meira Mattos era um oficial extremamente disciplinado. Esperava que Castello o chamasse para conversar; não se antecipava, visitando-o por iniciativa própria. Ocorre que chegava o domingo e Castello chamava o Mattos novamente. Aquela deferência foi mal recebida por seu chefe, que não aceitava o acesso direto do subordinado ao presidente, sem sua intermediação. Estava de frente a um *fait accompli* inaceitável. Uma década depois, Geisel estava no posto que antes fora de Castello. Havia chegado a hora de promover Mattos. A quarta estrela não veio, Mattos deixou o Exército e, desde então, nunca se referiu às razões da não promoção.

Reformado e ainda abatido com o episódio da "carona", Meira Mattos recebeu o convite do amigo Thomaz Magalhães para se dedicar à Montreal Empreendimentos – companhia *holding*, sem as atividades operacionais das nossas empresas. Eu era o vice-presidente da Montreal Empreendimentos, enquanto Magalhães e Derek Parker estavam, naquele momento, mais concentrados na Montreal Engenharia. Eu o conheci, portanto, dentro da companhia.

Ficamos amigos para sempre e passei a frequentar sua casa, na Urca – onde residiam muitos militares pela proximidade com o Forte de São João e o Círculo Militar da Praia Vermelha. Meira Mattos era muito inteligente – uma espécie de Golbery sem a capacidade de articulação do "bruxo". Os dois chegaram a ser concorrentes dentro do Exército na área de geopolítica, que ambos dominavam bem. Na Montreal Empreendimentos – uma firma de capital aberto que precisava de um responsável *full time* no atendimento a questões administrativas de um modo geral –, ele tratava, por exemplo, de aspectos relacionados à Comissão de Valores Mobiliários (CVM). Apesar da diferença de idade expressiva (mais 20 anos do que eu), permanecemos muito amigos até sua morte, em 2007.

Meira Mattos também tinha um papel importante no exercício de uma "diplomacia militar", digamos assim. Naquela época era fundamental, ainda mais para empresas que prestavam serviços e tinham relacionamento direto com o governo, ter pontes com as Forças Armadas. Os militares têm uma forma própria de pensar, protocolos rígidos e espírito de corpo. A hierarquia entre eles é um princípio basilar. E talvez em nenhum outro segmento o prestígio pessoal seja tão valorizado. Mattos conjugava todos esses atributos. Era o nosso interlocutor recorrente com os altos comandos militares. Vivíamos tempos bem distintos.

No regime militar, na maior parte das vezes, não nos sentíamos fazendo uma obra "em si ou per si", mas construindo o desenvolvimento do país. A percepção da grandeza nacional da construção da infraestrutura era completamente diferente. A palavra Brasil crescia à frente de todas aquelas empreitadas. Era o Brasil que ia para frente, a obra ajudava, é claro, mas ela vinha atrás. O país puxava o comboio. Havia forte apelo nacionalista. Mattos, não raras vezes, era o nosso intérprete.

—▪—

MEIRA MATTOS TAMBÉM ERA o homem das relações valiosas e estratégicas. Lembro-me também de uma reunião inesquecível na residência do comandante militar do Leste, para a qual ele me convidou.

Era um grupo de cerca de 20 pessoas, que iriam assistir a uma exposição do diplomata Vernon Walters, que era uma dessas pessoas que já tinha feito tudo na vida, inclusive sido companheiro de batalha de Mattos e Castello Branco na Itália. Walters era muito ligado a Meira Mattos. Conversávamos na sala do oficialato quando Walters adentra o recinto, saudando todos com seu português perfeito. Sim, porque, se quisesse, ele falava com sotaque carioca, mineiro ou nordestino.

Um fenômeno paranormal. Recordo-me, como se fosse hoje, de quando o general norte-americano anunciou que mostraria aos presentes umas "coisas interessantes". Surpresos, começamos a assistir a uma projeção de imagens captadas por satélite de uma manifestação na Ucrânia! Era realmente um negócio impressionante, pois, na demonstração, um dispositivo apitava de forma intermitente enquanto aferia as dimensões da área ocupada por metro quadrado no comício. Pelas cenas filmadas de cima, parecia que havia mais de 1 milhão de pessoas na praça. "Essa movimentação que vem acontecendo na Ucrânia, no Cazaquistão e outras regiões vizinhas evidencia que as repúblicas socialistas estão se insubordinando em relação ao regime. É o início do fim do Estado soviético", proclamou a plenos pulmões Vernon Walters.

O diplomata norte-americano Vernon Walters era um poliglota. Seu talento natural para expressar-se em nove idiomas transformou-o em intérprete para várias autoridades no quartel-general dos aliados na Europa durante a II Guerra Mundial. Ele atuou como tradutor do presidente Harry Truman nas negociações com os outros aliados no continente latino-americano, falando tanto espanhol quanto português fluentemente. Na condição de oficial – era general – de ligação entre a Força Expedicionária Brasileira (FEB) e o 5º Exército dos Estados Unidos, travou relação com diversos militares brasileiros que serviam na Itália, a exemplo de Carlos de Meira Mattos e Humberto Castello Branco, então capitão e coronel, respectivamente. Naquele ambiente inóspito da guerra, os três viraram amigos muito próximos. Ao fim do conflito mundial, Walters, um indivíduo de inteligência brilhante, passou a trabalhar no Brasil como adido militar assistente dos Estados Unidos, entre 1945 e 1948. Depois, já como titular no posto, exerceu o cargo nas embaixadas norte-americanas na França e na Itália – país que, segundo ele, deveria sofrer uma intervenção dos Estados Unidos caso o Partido Socialista ingressasse no governo.

Em 1962, o presidente João Goulart – que assumira o lugar de Jânio Quadros no Palácio do Planalto – iniciou um movimento pró-esquerdista, agitando a ordem social. O embaixador dos Estados Unidos no Brasil, Lincoln Gordon, passou a enviar comunicados de alerta ao presidente norte-americano, John Kennedy, sobre a inclinação esquerdista do mandatário brasileiro. Walters foi enviado pelo Departamento de Estado dos Estados Unidos para o Brasil novamente. Como adido militar e com relacionamentos valiosos, tais como Meira Mattos e Castello Branco, ele retransmitia a seu governo todas as informações de bastidores que apurava em detalhes com sua vasta rede de relação nas Forças Armadas. Vivíamos o período da Guerra Fria.

O general Walters, por sua vez, retroalimentava o circuito elétrico, abastecendo Castello, que então servia no Nordeste, com a munição sigilosa de dados fornecida pela CIA. Nessa marcha, o coronel cearense foi amadurecendo a ideia de que aquela desordem em curso – que se desenrolava principalmente no Rio de Janeiro – não podia continuar. Goulart incentivava o que os militares mais abominam: a quebra da hierarquia nas Forças Armadas. Recebia no palácio sargento, cabo, todas as patentes inferiores, à revelia dos generais que o cercavam, alguns inclusive seus ministros. As consequências todos nós sabemos. Walters, que influenciara o apoio norte-americano à instalação do regime militar no Brasil, permaneceria aqui como adido militar até 1967. Tornou-se vice-diretor da CIA entre 1972 e 1976, embaixador nas Nações Unidas de 1985 a 1989 e embaixador na Alemanha durante o período da reunificação, de 1989 a 1991, em que o papa João Paulo II articulou a mudança de governo na Polônia católica. Mantivemos contato algumas poucas vezes depois daqueles tempos turbulentos.

Em 1961, com Jânio já empossado, em uma das minhas frequentes idas a Brasília por conta das obras que continuavam a ser tocadas pela Severo e Villares, fui convidado para assistir a um filme de *cowboy* norte-americano no cineminha do Palácio da Alvorada, junto a um grupo de cerca de 15 pessoas. E eis que o comandante em chefe da nação entra na sala com um chapéu de *cowboy* e se senta na primeira fila. A cada vez que os atores davam um tiro, ele sacava uma pistola de espoleta e... "*bang bang*" em direção à tela! Fiquei impressionadíssimo. Mas era só o aperitivo. Ficaria ainda mais impactado depois.

Jânio fora eleito por um inexpressivo Partido Trabalhista Nacional (PTN), não contava com nenhum apoio parlamentar. Naquela sucessão de gestos estapafúrdios, renunciou ao cargo, imaginando voltar triunfante nos braços do povo. Mas o que logrou mesmo foi ser cassado pelo regime militar e ficar inelegível durante 10 anos. Jânio passou pelo país como um tufão que deixou mais trauma do que marcas. Foram muitas excentricidades e poucas realizações. Da minha parte, nutria pouca simpatia por ele – que legou uma contribuição extremamente negativa em relação ao "pé atrás" armado pelo povo brasileiro no tocante à política. Posteriormente, não faltariam fatos para corroborar essa desconfiança. Jânio cimentou com fatos as piores dúvidas que se tinha a seu respeito.

Muitas temporadas depois, na década de 1980, a Montreal Empreendimentos tinha um prédio próprio na rua Bela Cintra que alugara à prefeitura de São Paulo, comandada então por Jânio. Na condição de vice-presidente da companhia, fui conversar com ele na antiga sede da administração municipal – acompanhado do general Carlos de Meira Mattos. Tentávamos algum acordo para conseguir receber a correção das prestações atrasadas do imóvel.

Era um personagem para lá de extravagante. Nessa visita, pude constatar a veracidade da história da chuteira. Rezava a lenda que o prefeito pendurara uma chuteira na porta do gabinete, como forma de expressar que, ao deixar a prefeitura, não seria candidato a nenhum cargo. Em meio às conversas, ele dava olhares de soslaio para a chuteira. Tudo verdade. Eu vi.

—▪—

EM FINS DE 1963, começou a esquentar perigosamente a chapa do presidente João Goulart. Um sujeito curioso, pendular, ora defensor das reformas de base e ameaçador do sistema, ora dono de fazenda na Argentina e usufruidor das benesses do capitalismo. Ambiguidades à parte, Jango era, acima de tudo, um *bon vivant*. Ao assumir o poder, cercou-se do que existia de mais radical, mais à esquerda – de Miguel Arraes a Francisco Julião. Aprovou um decreto de desapropriação de um quilômetro de cada lado de todas as rodovias federais, a fim de fazer a reforma agrária. Começou, então, um movimento para valer contra ele, liderado pelos empresários tradicionais de São Paulo, Minas Gerais e Bahia, inconformados de ver sua terra expropriada. Havia a necessidade de promover a reforma no campo, mas esse processo deveria se desenvolver dentro de critérios mais civilizados e em torno de uma mesa de negociações – e não à base do simples confisco aleatório de um sítio produtivo.

Nesse ambiente político pesado como o chumbo, Jango avançou em demasia ao tentar quebrar a hierarquia no Exército, na Marinha e na Aeronáutica. Sobretudo quando participou dos comícios na Central do Brasil e, mais grave ainda, em frente ao prédio do Automóvel Clube, especialmente para os marinheiros. Era o presidente da República descendo da sua representação e autoridade e se entregando a movimentos de rua que subvertiam a ordem das cadeias de comando. Jango recebia em seu gabinete sargentos, subtenentes, tenentes, todo mundo, em detrimento de oficiais de patentes mais elevadas. O generalato não tolerava isso. A maior parte dos ministros civis não sabia o que fazer para consertar o estrago. João Goulart foi alertado, inclusive pelos seus mais próximos colaboradores, de que era hora de recuar – o comandante do 3º Exército, Ladário Pereira Telles, foi o único que permaneceu ao lado dele.

Do coronel Ladário Telles, eu guardo uma lembrança do tempo em que estudava no Centro de Preparação de Oficiais da Reserva (CPOR). Nós participávamos das simulações de guerra em Gericinó, um bairro da Zona Oeste do Rio de Janeiro. Como eu era o primeiro aluno de engenharia, cumpria um protocolo e tinha responsabilidade diferenciada. Ficava em um jipe, acompanhado de um sargento, no alto do morro. Em uma das vezes, enquanto aguardávamos as ordens sobre a estrada de onde partiria o ataque, veio a Infantaria subindo o morro. A tropa "adversária" que estava junto a mim começou a usar metralhadoras ponto 30 e ponto 50. O susto maior foi quando o sargento gritou para mim: "Manda parar, porque as balas são de verdade!" Liguei pelo rádio para o centro de comando, onde estavam o coronel Ladário e o general Odílio Denys – que seria um dos protagonistas da queda de João Goulart –, alertando para suspender o exercício. E Ladário: "Impossível, tudo foi verificado e as balas são de festim." Aflito, o sargento então pega o rádio e alarma: "Coronel, eu fiz a guerra. Bala de festim não zumbe, só assusta pelo barulho. Essas estão chispando!" O coronel parou o ataque no mesmo instante. Descobriu-se logo depois que foram usadas três caixas de balas reais de metralhadora no lugar de munição de festim.

—▪—

JÂNIO QUADROS ESTEVE na lista inicial dos cassados pela Revolução de 1964, mas Juscelino Kubitschek não integrou aquela primeira leva de banidos da vida política nacional. Tanto que, então senador por Goiás, começou a emitir sinais de que disputaria a presidência da República no ano seguinte. A pretensão foi ceifada pelos militares, que queriam permanecer no governo, sem eleições diretas. O marechal Castello Branco tinha sido eleito presidente pelo Congresso e, precisamente no dia 15 de abril, foi encarregado de dar sequência ao regime. Castello, que defendia as eleições no prazo combinado, prosseguiu no cargo. Missão dada, missão cumprida.

Castello era uma figura curiosa. Participei de uma reunião no apartamento dele, na rua Nascimento Silva, em Ipanema, junto a um grupo de empresários – todos com os ânimos exaltados e vendo comunistas por todos os lados. O pleito era a continuidade do regime militar. Lá pelas tantas, o marechal foi ficando impaciente com o falatório, deu um soco na mesa e bradou: "Os senhores querem que eu seja ditador. E eu não serei ditador. Vou assumir o cargo em função da emergência, não quero mandato inteiro!" Castello tinha sido nomeado para ocupar o comando da nação por dois anos. Depois, a junta militar prorrogou a permanência por mais um ano. Na verdade, como não queria cassar ninguém, o marechal só veio a tomar posse quando o regime já havia executado parte do serviço. Mesmo assim, viu-se obrigado a suspender os direitos de mais uma segunda leva de políticos, na qual se encontrava justamente JK, que o tinha promovido a general. Tancredo, que foi poupado, veio a tornar-se uma importante figura na luta pelo fim do regime militar.

O melhor negócio do mundo é uma refinaria de petróleo bem administrada; o segundo mais rentável, uma refinaria de petróleo mal administrada – ensinava o magnata Nelson Rockfeller. Aqui, do lado de baixo do Equador, dois engenheiros de boa cepa, Derek Herbert Lovell-Parker – de pomposo nome inglês, mas brasileiro de Petrópolis (RJ) – e Thomaz Pompeu Magalhães, parente distante do lendário baiano Antônio Carlos Magalhães, absorveram em sua essência as seminais palavras de Rockfeller. Ambos trabalhavam no Conselho Nacional de Petróleo (CNP) quando adveio a fundação da Petrobras, em 1954. A lei que criou a estatal, decretando o monopólio do setor, abriu uma exceção aos detentores de licença para a construção de duas refinarias privadas – Isaac Sabbá, em Manaus, e Grupo Peixoto de Castro (GPC) em Manguinhos (RJ) –, determinando um prazo com vistas à conclusão dos empreendimentos. Manguinhos teria uma capacidade acanhada, algo em torno de 30 mil barris/dia, quando hoje não se pensa em nada abaixo de 200 mil barris/dia de processamento. Entretanto, não havia nenhuma companhia nacional apta a realizar esse tipo de obra – as poucas refinarias existentes no Brasil eram projetadas por firmas estrangeiras.

Derek Parker, com quem entrelaçaria minha vida profissional logo à frente, era tão ousado quanto capacitado tecnicamente. Sob essa perspectiva, ele se apresentou ao Grupo Peixoto de Castro (GPC) como capaz de reunir uma equipe e executar o projeto de Manguinhos no tempo acordado. E convidou o companheiro Thomaz, além de Roberto Bergallo – dos três, este era quem tinha realmente algum dinheiro para capitalizar a firma no início –, a fim de fundar a Montreal Montagem e Representação Industrial. Mais tarde, já doente, Bergallo, muito boa pessoa, mas pouco ativo no negócio, cederia suas ações a mim, por ser ele solteiro e sem filhos. A nova empresa – uma combinação de letras: Mont (Montagem), re (Representação) e al (Industrial) – nada tinha a ver com a cidade canadense de Montreal. Para surpresa de todos do mercado, conseguiram entregar Manguinhos, com folga, no prazo e dentro do orçamento estipulado.

A partir dessa estreia auspiciosa, a nascente Montreal decidiu, acertadamente, prosseguir na linha de montagem industrial, tornando-se a principal firma na área de execução de refinarias no Brasil. No ano seguinte, 1955, já estava contratada para a construção da refinaria de Cubatão, no município homônimo do estado de São Paulo, com capacidade instalada de 170 mil barris/dia. Importante ressalvar que a Montreal nunca foi uma empreiteira de obras públicas, e sim uma especialista em montagem industrial. Toneladas de cimento, vergalhão, terraplenagem, nada disso era nossa especialidade. Fazíamos os sofisticados móbiles das plantas e sua complexa engenharia, em torno dos quais as empreiteiras construiriam seus grandes caixotes de concreto, sem nenhum demérito pela atividade da construção pesada, muito pelo contrário, diga-se com toda a ênfase.

EM 1962, eu dava aulas no Instituto de Administração e Gerência (IAG) da PUC, quando outros dois colegas professores e oficiais da Marinha me chamaram para trabalhar na Montreal. A empresa navegava de vento em popa. Os patrocinadores do meu ingresso na companhia foram Ary Marques Jones, que morreu em 2016, com quase 100 anos, e Geraldo José Lins, superdotado, uma das pessoas mais inteligentes que conheci – um dos futuros criadores da Escola de Administração da FGV de São Paulo –, com o adendo especial de ser o pai do compositor Ivan Lins. Os dois graduados engenheiros comandavam a novata Montreal Organização e Planejamento (Montor), uma consultoria criada por Derek Parker para atender tanto ao setor público quanto ao privado. Eu tinha deixado a Sursan – e sem aceitar o emprego na Petrobras. Recebi o convite com entusiasmo. Ainda não conhecia Derek Parker – anos mais tarde, quis o destino que viéssemos a pertencer à mesma família. Ele era parente da minha futura esposa, Teresa Cristina, com quem me casaria em 1965.

Entrei na Montreal como engenheiro e, pouco tempo depois, assumi o cargo de diretor financeiro da companhia. Eu já começava a tender mais para a função de administrador de empresas do que para técnico de obras. E passei a mirar a diversificação das atividades e contratos. Até então, os negócios estavam concentrados na Petrobras. Meu propósito era diluir o risco de atender quase que exclusivamente a um cliente. O primeiro passo foi a ampliação do nosso leque de serviços para a área de linhas de transmissão. Abrimos um departamento só para elas. Bingo! A iniciativa revelou-se acertadíssima.

Construímos refinarias, plataformas e usinas de alumínio no Brasil inteiro. Eram empreitadas heroicas, nas quais tínhamos de enfrentar primeiramente as tremendas dificuldades de infraestrutura. O sistema de comunicação, por exemplo, era péssimo (mantínhamos funcionários com a única função de tirar o telefone do gancho e esperar o sinal da linha). Instalamos então uma imensa torre de rádio na cobertura da sede, um prédio na rua São José, 90, no Centro da cidade. Assim, os engenheiros do Rio, a partir de uma sala no quinto andar, conseguiam se entender com as equipes das obras espalhadas pelo país.

Na década de 1980, a Montreal destacou-se também na área de montagem das primeiras plataformas *offshore* de petróleo do Brasil, para operação em águas profundas, como ilhas artificiais em alto-mar na Bahia. Fizemos tudo sozinhos. Era como uma torre de linha de transmissão com que estávamos habituados a lidar, só que no centro dela encaixávamos os equipamentos de perfuração. Nosso trabalho consistia em montar toda a estrutura, assim como já acontecera na obra do vão central da ponte Rio-Niterói. A plataforma inaugural foi a de Marlim (até hoje, a Petrobras mantém a tradição de batizar seus campos com o nome de peixes). Fomos a primeira companhia nacional a montar uma plataforma de 150 metros de altura; hoje – quando há sondas de perfuração de poços de petróleo a 350 quilômetros da terra – considerada pequena.

Hoje, tenho a impressão de que, no Brasil, andamos para trás em relação ao prazo de entrega dos projetos. Mesmo obras dificílimas, como a de Angra, nós conseguíamos concluir no tempo previsto. Mas algo se quebrou no meio do caminho. Veja o programa nuclear: ele segue se arrastando, com o cronograma atrasado e prazo duvidoso de término. O Brasil tornou-se um canteiro de poucas obras públicas com maturação muito além do previsto. Sai demasiado caro para a sociedade. Nos anos em que fizemos os maiores projetos de engenharia do país, cronograma, prazo e orçamento eram levados a sério.

13. China

Na escala de desejos mais acalentados na minha vida sempre esteve, entre os mais votados, uma viagem à China, cuja cultura admiro desde a juventude. Estive lá pela primeira vez com minha mulher, Titina, em 1969, ainda durante o flagelo da Revolução Cultural, quando o país só podia ser visitado por uns poucos estrangeiros munidos de passaporte diplomático especial ou via Hong Kong (invadida por milhões de refugiados) e Macau, então um pequeno e pobre enclave português, repleto de cassinos. Foi a rota que fizemos, saindo de Londres. Sob o regime de ferro de Mao Tsé-Tung, filhos denunciavam pais, alunos espancavam professores, médicos, engenheiros e diplomatas eram enviados ao interior para plantar arroz. Destruíram-se bibliotecas, templos budistas e taoístas.

Macau era portuguesa apenas na aparência: ruas com nomes de heróis lusos, construções que lembravam o Porto ou a zona baixa de Lisboa. Não encontramos uma única pessoa que falasse a "última flor do Lácio"! Apenas o cassino local, instalado numa grande barcaça, constituía um ponto de entretenimento. Hong Kong estava então separada do continente por barcos da Marinha chinesa, no intuito de impedir a fuga para o Ocidente. Favelas cobriam as enseadas, juncos de foragidos enchiam a baía. Edifícios de apartamentos construídos às pressas tinham o pé-direito dividido em lajes de madeira, para dobrar o número de habitantes. Meu primeiro contato com a China não foi bem afinado com minhas idealizadas expectativas. Nem sequer arranhou a enorme curiosidade que nutria pelo país.

—▪—

NUMA OUTRA VIAGEM, em 1998, estivemos, Titina e eu, na região marítima que vai de Formosa até Hong Kong e Xangai, próxima à área das chamadas "zonas especiais". A abertura para a economia de mercado iniciada em 1978 já mostrava resultados. Taiwan, uma província rebelde, na denominação da China continental continuava a designar-se República da China, exibindo sinais visíveis de desenvolvimento e riqueza.

Hong Kong (ainda sob a tutela inglesa, que só terminaria em 1997) e Xangai impressionavam pela modernidade e beleza arquitetônica dos arranha-céus, qualidade da hotelaria, lojas de grifes francesas e italianas e automóveis importados dos Estados Unidos, França e Alemanha. Não mais se via a Marinha de Guerra na sua baía, nem remanesciam os juncos. Os "novos territórios", que no início dos anos 1970 ainda não tinham sido abertos, estavam agora cheios de condomínios de casas e apartamentos, protegidos, por meio de curiosa arquitetura, do ataque dos dragões!

Xangai florescia como porto, foz do rio Yangtsé e local onde centenas de empresas, principalmente americanas, japonesas e alemãs, abriam seus escritórios em modernos e enormes edifícios. Cruzando uma bela ponte para a outra margem do Yangtsé (que, com seus 6.300 quilômetros, corta quase toda a China), já se divisavam, entre tantas outras, as grandes fábricas de automóvel e de *chips* de computador. A antiga e a nova cidade conviviam em harmonia: a primeira, com bairros da época colonial projetados para franceses e alemães; a nova, em modernos e elegantes condomínios de casas e apartamentos, alguns de luxo e a preços estratosféricos, mesmo para os melhores padrões ocidentais. Comecei a entender aquela nova China, modéstia à parte, bem antes dos profetas do novo capitalismo de Estado, conjugação de autoritarismo e livre mercado.

O fato é que foram necessários 200 anos de guerras civis, invasões e novas e fracassadas tentativas de reimplantação do comunismo ortodoxo para que, em 1978, após a morte do último imperador Mao Tsé-Tung, o país se abrisse ao mundo, sob a liderança de Deng Xiaoping. O processo de transformação pelo qual tem passado deixa no seu rastro marcas do conflito entre a pobreza e a riqueza: as regiões modernas e as atrasadas; as gerações de jovens que não viram a Revolução Cultural e a dos que a viveram e hoje, por causa da idade ou do despreparo técnico, estão desempregados; os agricultores do Oeste e os do vale do Yangtsé junto a Nanjing; os operários das multinacionais instaladas nas zonas especiais do Sudeste e os metalúrgicos do Nordeste, ex-empregados de estatais obsoletas e que olham seu futuro com saudades do passado. São empregados cheios de dúvidas e preocupações, tão diferentes eles são da juventude alegre e descontraída de Hong Kong e Xangai.

—▪—

CONFORME REITEREI muitas vezes, ainda novo fui seduzido pela cultura milenar chinesa. É como se ela estivesse no meu inconsciente. Devorava livros, revistas, recortes de jornais, assistia a filmes, me interessava por qualquer assunto relacionado à história do Império mais antigo do mundo. O tempo passou e meu interesse não esmaeceu. Pelo contrário, nas minhas empreitadas na Montreal, tínhamos de acompanhar os projetos de engenharia dos chineses, alguns dos mais ambiciosos do planeta. Mas nosso time de profissionais, sem nenhuma modéstia, não ficava abaixo: buscávamos ferramentas para competir com os asiáticos no terreno deles.

Nos anos 1980, os chineses estavam planejando a construção de uma gigantesca barragem, a Três Gargantas, que se tornaria a segunda maior do mundo – abrangendo uma eclusa com capacidade para navios de até 22 mil toneladas –, no rio Yangtsé, o principal do país, integrando as regiões Leste e Oeste. Trata-se de um projeto tão grandioso que até hoje podemos testemunhar a existência dos antigos caminhos abertos nas montanhas de rocha, por onde eram puxados à mão os barcos que não conseguissem atravessar a correnteza das águas, com nascente no Tibete.

À montante da usina, municípios inteiros foram inundados e 1,5 milhão de pessoas realocadas em novas e modernas cidades construídas junto às antigas, ou transferidas para as áreas à jusante da represa. Presenciamos o resultado desse trabalho hercúleo, feito parte de forma mecanizada e parte à mão, por milhares de pessoas. O material de demolição era todo aproveitado para ser levado às zonas mais pobres do interior. A barragem visava não somente gerar energia elétrica, como garantir a irrigação e controlar as inundações, que haviam sido responsáveis por catástrofes monumentais. Um modelo fantástico de *gestalt* aplicado à engenharia. Um olhar para o todo, englobando as centenas de microvariáveis multidisciplinares relacionadas ao projeto.

Face à nossa experiência em Itaipu, achávamos que, quando fossem partir para a execução da barragem das Três Gargantas, nos chamariam a participar do certame, porque três importantes engenheiros nossos assessoravam a equipe técnica que eles enviaram ao Brasil, no propósito de aprender tudo sobre o dimensionamento de uma obra de tamanha envergadura. A convocação acabou não se consumando, mas me convidaram, tempos depois, para visitar a barragem – onde, pelo menos, tiveram a consideração de colocar uma placa com os nomes dos nossos brilhantes engenheiros. De qualquer forma, pude aproveitar a viagem para sorver um pouco mais da cultura chinesa.

Eram fins de 1989, período que marcou o segundo turno do histórico embate entre Fernando Collor e Lula, na disputa pela presidência da República. Como ambos não atendiam às minhas exigências eleitorais e coincidiu de eu ter direito a uma licença-prêmio no TCE-RJ, após 10 anos de trabalho seguidos como conselheiro, aproveitei o duplo ensejo para viajar à China. Pude então observar as fantásticas obras da hidrelétrica de Três Gargantas.

Foi então no início da década de 1990 que Titina e eu conhecemos boa parte do interior do país, à exceção do Tibete, pois à época, por alguma razão que nunca compreendi, estrangeiro que exercesse função pública não conseguia visto para ingressar naquela região ao norte da cordilheira do Himalaia. Mas estive perto do Tibete, em Chongqing, a maior e mais populosa das quatro cidades da República Popular da China que apresentam o *status* de província, ao lado de Pequim, Xangai e Tianjin. Com 30 milhões de habitantes, suja e pobre, era um lugar terrível, sufocado por uma poluição bárbara. Todo mundo andava de máscara na rua, para filtrar um pouco as espessas nuvens de fumaça preta que desciam à superfície, emanadas das usinas térmicas a carvão.

Já tendo visitado as cidades da região costeira, decidimos repetir o programa. Começamos por Xi'an (que guarda um dos tesouros da arqueologia mundial, os soldados de terracota) e Chongqing. Descendo pelo rio Yangtsé, fomos ao encontro do gigantesco desafio de manter unidas, em um só país, tantas diversidades étnicas e de sistemas econômicos na agricultura e na indústria – inclusive buscando-se controlar a migração do campo pobre para o Sudeste rico, aquele aparentemente sem futuro e este repleto de oportunidades de trabalho e acesso ao consumo.

Ao sul de Xi'an e Chongqing, o oposto: Guilin, uma joia de beleza e harmonia, cortada por um rio onde navegam pequenos barcos de recreio à vela. Nos parques públicos, com fontes luminosas e chafarizes, as águas dançam ao som de valsas vienenses. Com apenas 700 mil habitantes, remete ao interior da França e, desde a Antiguidade, foi considerada pelos chineses a cidade mais bonita do país, refúgio de férias para as elites burocráticas e intelectuais.

Algumas anotações que escrevi à mão durante essa viagem trataram diretamente da minha *expertise* em engenharia: a monumental construção de concreto, com duas casas de forças e eclusas para navios de mais de 20 mil toneladas. À jusante, estão a represa de Gezhouba, a hidrelétrica, eclusas e o controle da inundação. Perto da represa, hotéis e casas de veraneio. Mais abaixo, construções de boa qualidade ao longo de todo o rio Yangtsé, que se alarga para algo próximo a dois quilômetros.

As margens do rio, especialmente à esquerda, mais plana, exibem uma sucessão de casas, edifícios e fábricas. O Yangtsé é cruzado por belíssimas pontes de aço e concreto. Aliás, os chineses são ótimos em projetos e construção de pontes. A região à jusante da represa de Gezhouba, plana, foi onde ocorreram as grandes inundações que chegaram a matar, em 1931, quase 3 milhões de pessoas. Nós, que tínhamos feito o vão central da ponte Rio-Niterói, um colosso de obra ainda hoje, assistíamos encantados aos projetos de engenharia em andamento. Posso dizer que, pelo menos naquela época, estávamos parelhos com os chineses.

Entre as muitas anotações em cadernos de viagem que fiz sobre a China, recordo nosso passeio de navio a Ghost City (Cidade Fantasma), uma região que seria inteiramente transportada para a parte das montanhas acima da cota 175. As áreas novas já exibiam modernos edifícios de 16 andares. A parte velha estava sendo demolida pelos habitantes, que de lá retiravam material de construção. Na Ghost City, vimos templos budistas e taoístas que foram destruídos (e reconstruídos em 1994) pela Revolução Cultural.

Lembro-me de que às 6:20 da manhã chegamos ao primeiro *gorge*, uma passagem estreita entre montanhas de pedra e antecedida por uma cidade em dois planos no morro: a antiga, com pedras de seis a oito andares, e a nova, acima da cota 175, com prédios altos de até 16 andares. A cidade junto ao primeiro *gorge* era uma mineração de carvão!

Após uma parada em Wushan, nas confluências do rio Yangtsé, saltamos para um longo (cinco horas) passeio num pequeno barco, por riachos entre montanhas muito próximas umas das outras. Águas límpidas (ao contrário do rio Yangtsé, que é turvo/amarelado), pássaros, macacos. Ao longo da terceira garganta – comprida, atingindo 45 quilômetros, e estreita, com cerca de 250 metros de largura –, vimos grandes obras de construção de rodovias na pedra, a submersão de uma ponte de 600 anos e a "estrada" onde os chineses puxavam os barcos. São pequenas aberturas no morro rochoso, com mais ou menos dois metros de altura e suficientes apenas para os trabalhadores empurrarem suas embarcações. Poucos agricultores no local seriam removidos para outras regiões.

Esses registros, que, repito, são apenas uma parte de cadernos de memórias e descrições detalhadas, representam um pequeno exemplo do meu encantamento pela China. Procurei estudar seus costumes, geografia, organização política, arquitetura e, claro, as técnicas de engenharia. E esse meu interesse começou muito antes de a China tornar-se o gigante econômico dos dias atuais. Acredito que poderia acrescentar muitos outros tópicos com relatos capazes de agradar aos leitores apaixonados por esse país continental. Mas a China vale um livro e não *bullets* de viagem. Deixo aqui registrado meu entusiasmo pela portentosa nação asiática.

—▪—

Tempos depois, já em 2003, cheguei a escrever um ensaio ("China: um país em transformação"), publicado na *Carta Mensal* da Confederação Nacional do Comércio (CNC), no qual analisava as condições político-econômicas da hoje segunda potência mundial. Povo de excepcional capacidade inventiva, os chineses – que desenvolveram antes de qualquer outro a bússola, o papel, a pólvora, a ponte suspensa, as eclusas, o ferro fundido, a porcelana – disseram não à Revolução Industrial. Isto apesar de as duas guerras do ópio terem resultado em um tratado que abriu ao comércio 10 novos portos – e a navegação pelo rio Yangtsé permitiu a presença de missionários e comerciantes estrangeiros em qualquer lugar do território chinês. A consequência foi a perda da possibilidade de competir junto a uma Europa rejuvenescida, tonificada com as novas invenções e maquinarias de custo/benefício muito superior aos bens de capital das antigas e não preparadas civilizações do Leste, em especial a China.

14. A ponte

O ano de 1974 foi repleto de efemérides. Talvez a maior delas tenha sido a inauguração da ponte Presidente Costa e Silva. Trata-se de um monumento de concreto armado, com uma extensão superior a 13 quilômetros e altura de 72 metros, que atravessa a baía de Guanabara. Um colosso, que levou apenas cinco anos para ficar pronto. Vá fazer uma obra dessas hoje para ver o tempo de entrega. A Montreal foi a responsável pela construção do vão central, em estrutura metálica, para permitir a passagem de navios.

Modéstia à parte, tive uma participação relevante no projeto e na própria participação da Montreal. Quando o governo anunciou que o vão central seria financiado pelo Banco Rothschild, fui para a Inglaterra, sede da mitológica instituição financeira. Chegando a Londres, procurei descobrir qual empresa britânica sabia trabalhar em uma armação diferente como aquela, chamada de estrutura caixão – peças enormes, compactas, fechadas, sem vigas nem pilares de sustentação. Voltei ao Brasil trazendo um acordo de colaboração com as duas únicas firmas inglesas (Dormann & Long e Cleveland Bridge) que tinham a *expertise* necessária. Resultado: à Montreal foi adjudicada a obra e não houve concorrência para o trecho.

Os caixões de aço foram construídos no estaleiro das companhias britânicas, em Niterói. O sistema de peças veio flutuando pela baía de Guanabara, como se fosse um navio. No trecho determinado foi içado por guindaste para compor o vão central. Derek Parker, eu e outros engenheiros paramos nosso barco para supervisionar o processo. De repente, começou a ventar forte, lançando a água do mar violentamente num pilar da ponte. Sabemos em engenharia que, ao se bater ritmado numa estrutura metálica ou de concreto, as ondas que se formam no interior do material ficam cada vez mais fortes. Por isso, não se pode, por exemplo, colocar uma tropa marchando em cima de uma ponte, sob o risco de o somatório das ondas vir a afetar sua estrutura e até mesmo derrubá-la.

Lembro-me daquele momento de tensão como se fosse hoje. O engenheiro inglês que acompanhava a montagem do sistema ordenou a um empregado: "Corta a corrente que prende as instalações!" Enquanto o sujeito tentava arrebentar os grossíssimos anéis de ferro com um maçarico, nós continuávamos agarrados à embarcação. Eis que, em meio àqueles estrepitosos estalos das águas, uma alça de ferro alcança os píncaros e desaba em nossa direção. Não morremos todos – éramos uns 10 ali – por pura sorte. Aquela montanha de água e ferro arrebentou a três ou quatro metros das nossas cabeças. Com o susto, interrompemos de imediato as atividades, aguardando a ventania cessar. Tudo era novo, arriscado, empolgante.

—▪—

PASSO A PASSO e em marcha forçada, enfim concluímos o levantamento do sistema de caixões para a composição do vão central, uma operação de sucesso inquestionável e desenvolvida rigorosamente dentro do prazo e do orçamento previstos. A 4 de março de 1974, era inaugurada a ponte Rio-Niterói, reduzindo a alguns minutos uma travessia que, de barco, demorava em torno de uma hora. Foi bom? Sem dúvida, foi ótimo. Mas poderia ter sido melhor, se incorporado um ganho adicional espetacular. Lembro-me que tentei convencer a Aeronáutica a suspender a ponte em oito metros, de modo a possibilitar a passagem de uma linha de metrô de superfície por baixo da estrutura – recalculando-se, evidentemente, a carga sobre os pilares para que aguentassem o duplo peso de automóvel e trem. Levei desenhos, cálculos, mas não consegui aprovar a proposta. A equipe da Aeronáutica considerou-a um absurdo, insistindo em que o aumento da altura atrapalharia a aterrissagem de aviões no aeroporto Santos Dumont.

Defendi destemidamente a ideia de um metrô de superfície. Estava convencido, aliás como estou até hoje, de que uma excepcional oportunidade estava sendo perdida naquele instante. O argumento dos técnicos da Aeronáutica de que haveria risco de aterrisagem no Santos Dumont não se justificava, pois as aeronaves passariam no mínimo a 200 metros acima da ponte. Uma pena! A ponte poderia ser ainda mais útil, com a ligação a outras áreas do estado por trem. Isso talvez seja realizado algum dia, com a construção de um túnel por debaixo d'água. Ocorre que os preços serão infinitamente superiores aos que obteríamos naquela configuração de obra casada. O incrível é que não se tratava nem sequer de novidade: em Portugal e na China, por exemplo, já víamos essa estrutura destinada a dois modais de transporte. A síntese é que tentamos, mas não deu.

Tecnologia sempre foi o calcanhar de aquiles do Brasil. A solução emergencial são os acordos com as empresas e os governos de outros países, que detêm as patentes e dominam os processos. Na primeira metade dos anos 1970, a tecnologia para a construção de refinarias simplesmente inexistia no país. A Montreal, que estava com o foco dirigido para esse setor, fechou então um acordo com a norte-americana Procon. Da associação das duas empresas, foneticamente irmãs, nasceu a Promon – nome derivado da junção das sílabas iniciais Pro(con) e Mon(treal). A nova companhia ficaria sediada em São Paulo.

A Promon era dirigida por Thomaz Magalhães, um dos fundadores da Montreal. Sua presença no comando da operação foi o nó da história, quando, após alguns anos de parceria, os americanos resolveram saltar do barco. Thomaz – um homem com o coração maior do que o tórax, uma das melhores pessoas que conheci – morava em São Paulo. E era muito ligado aos engenheiros da Promon estabelecidos na cidade, que defendiam a ideia de distribuirmos metade das ações pertencentes à Procon entre os próprios funcionários da Promon.

A proposta – 49% para os empregados e 51% para a Montreal – acabou sendo aprovada por nós, mesmo contra minha vontade. Mas logo demonstraria sua inviabilidade. Esse modelo de participação no capital em gestão colegiada depende de uma série de combinações e sintonias, como o respeito à hierarquia. Enquanto eu via a necessidade de um trabalho unificado, os acionistas em posição contrária insistiam que a Promon deveria ser completamente independente da Montreal, o que provocava conflitos de interesses entre projetistas e construtores. Diziam que não podiam fazer projeto, e se fizessem, a Montreal não poderia construí-lo. E se a Montreal pudesse construir, eles não poderiam fazer o projeto. Havia, portanto, uma confusão em termos de conceitos e procedimentos comerciais. E assim a Montreal deixou de ser acionista da Procon.

Para não ficar somente no caso da Promon, lembro o exemplo da Varig, que tinha um modelo de gestão e participação acionária parecido. Após o falecimento do seu presidente, Rubem Berta, a companhia quebrou nas mãos dos seus funcionários, que passaram a controlá-la por meio de uma fundação. O mesmo ocorre em relação aos fundos de pensão brasileiros, hoje quase todos deficitários. Sob a gerência de pessoas inabilitadas para tanto, acabam, sem direção segura, por apresentar prejuízos.

—▪—

NO MOMENTO EM QUE esses acontecimentos se desenrolavam no Brasil, eu estava concluindo meu curso de pós-graduação em administração na Harvard Business School. Frequentei a mais emblemática faculdade norte-americana de 1974 a 1975. Nunca estudei tanto na vida. O prêmio vinha por meio da consistência acadêmica e do conhecimento de modernas ideias e técnicas de gestão.

Voltei ao Brasil com a cabeça fervilhando e entusiasmado para adotar as novas práticas na empresa. A primeira seria abrir o capital da Montreal – então com quatro sócios, Derek Parker, Thomaz Magalhães, Roberto Bergallo e eu –, a fim de que ela deixasse de ser um negócio familiar e assumisse responsabilidade pública.

Por intermédio de um vizinho meu na fazenda de Paraíba do Sul, Octavio Tyrso Cabral de Andrade, já falecido, conheci o barão de Lambert, dono do banco belga Brussels Lambert. Quando abrimos o capital da Montreal, surgiu a ideia de chamá-lo para sócio. Vendemos uma parte das ações para o banco de investimentos europeu, que pretendia expandir suas operações no Brasil. Mas a sociedade não foi muito longe. Não era bem o perfil deles participar de uma companhia de montagem industrial. O fato é que recompramos as ações dele e continuamos sós na gestão da companhia.

Como a Montreal ficou sem um braço projetista, propus criar a unidade lá dentro, de novo a fim de ampliar seu raio de atividades. Montei uma Divisão de Projetos – que depois se transformaria na Internacional de Engenharia S/A (Iesa) – inspirada no modelo de Alfred Sloan, fundador da General Motors (GM). O genial engenheiro norte-americano, cujo nome batiza a Escola de Administração do Massachusetts Institute of Technology (MIT), havia criado, para competir com a Ford, divisões separadas dentro da GM: Chevrolet, Oldsmobile e Cadilac – cada uma com sua linha de produtos e preços específicos. Em poucos anos, Sloan superou sua maior concorrente nos Estados Unidos.

Até então, a Montreal era basicamente uma companhia de montagem industrial. Crescemos de maneira significativa a partir da

Divisão de Projetos, chegando a contabilizar em torno de 700 engenheiros. Projetamos linhas de transmissão de subestações, usinas siderúrgicas, grandes obras na Amazônia e projetos na área de alumínio. A Promon voltou-se mais para os setores químico e petroquímico e, depois, telecomunicações. Chegou a projetar a hidrelétrica de Xingó, entre Alagoas e Sergipe.

Tornou-se uma companhia de indiscutível competência técnica. A costela que originou sua criação era da melhor estirpe.

16. Itaipu

O ano de 1973 foi o do pré-parto de Itaipu. À Montreal coube a montagem de todos os equipamentos da maior hidrelétrica da América Latina e segunda do mundo, das gigantescas turbinas aos potentes geradores de 50 e de 60 ciclos. Rumo a um desfecho glorioso, desenrolou-se um enredo rocambolesco. O empreendimento, na condição de binacional, deveria atender às especificidades do modelo de consumo de energia elétrica de cada um dos dois países. Porém, os diplomatas que redigiram os acordos simplesmente não levaram em consideração que as frequências eram distintas, um pequeno detalhe que poderia criar um imbróglio monumental em torno do projeto. O vacilo só apareceu na ocasião da assinatura do Tratado de Itaipu, instrumento legal para formalização do compartilhamento hidrelétrico do rio Paraná pelas duas nações fronteiriças. Por algum hiato de memória, eles se esqueceram de assinalar uma coisa simples: o Paraguai deveria mudar a frequência de 50 Hz para 60 Hz.

A título de contextualização, o governador Carlos Lacerda tinha realizado uma mudança exatamente igual durante sua gestão à frente do estado da Guanabara. A maioria das pessoas nem notou a diferença da troca de frequência. As autoridades paraguaias, sob a batuta do generalíssimo Stroessner, contudo, bateram o pé, rejeitando a alteração do seu sistema e sugerindo que sua metade da usina fosse modificada. O Paraguai, à época, registrava um consumo de energia inferior ao da cidade fluminense de Petrópolis, ínfimo em relação ao potencial de geração de Itaipu. Stroessner queria que o Brasil construísse, em território paraguaio, uma usina de 300 megawatts (Itaipu teria 12 mil megawatts). Realizada a obra, aí sim, eles graciosamente aceitariam a modificação da ciclagem.

O que era para ser simples e resolvido de forma sensata foi se tornando seriíssimo e com grave impacto diplomático. Ante a importância da obra, o então presidente, general Ernesto Geisel, convocou a cúpula técnica da Iesa para uma reunião em Brasília. Geisel, que gostava de tomar decisões somente após entender os problemas, por mais complexos que fossem, queria conversar conosco sobre detalhes técnicos da obra.

Depois de muito abrir e fechar plantas e ouvir explicações sobre o funcionamento das turbinas, o general, no seu estilo marcial, mas em tom jocoso, decretou: "Só há duas saídas: ou invadimos de novo o Paraguai ou vocês, engenheiros, encontram uma solução para o impasse".

A questão era como resolver o enigma da frequência da hidrelétrica. Eu nunca tinha visto corrente contínua na minha vida. Sabíamos que um modelo similar existia no Canadá, mas aqui, na América do Sul e nos Estados Unidos, só conhecíamos as linhas de transmissão em corrente alternada. Sem outro jeito, partimos céleres para o Canadá. Fomos conversar com especialistas canadenses e contratar a assessoria deles para projetarmos em 50 ciclos a metade dos geradores previstos para Itaipu. Como o Paraguai consumiria apenas 5% da futura geração de energia, o excedente que lhe pertencia ficaria ocioso. A solução foi construir o sistema de forma a viabilizar a transmissão por corrente contínua até uma subestação no Paraná, onde se daria a conversão nos transformadores e a posterior distribuição para outros estados do país – como se faz até hoje. Os nossos 50% previstos no acordo, a parte brasileira, digamos assim, viriam por corrente alternada de 750 kV.

—▪—

DO MESMO MODO como na batalha da ponte Rio-Niterói – quando defendemos um projeto de construção de uma linha de metrô e não conseguimos convencer as autoridades a respeito –, em Itaipu também tínhamos uma ideia mais avançada que não prosperou. Nós, da Iesa, elaboramos os planos para que Itaipu dispusesse de uma grande eclusa, o que não sairia caro e facilitaria muito o sistema de navegação. Os argentinos, porém, criaram os maiores problemas, e sem o menor sentido. Eles chegaram a fantasiar que o Brasil construiria uma poderosa arma geopolítica para inundar Buenos Aires. A ideia esbarrou na confusão e, claro, não foi adiante.

Enquanto eu brigava no *front* de Itaipu, tratava também de afinar as relações com os nossos sócios da Morrison-Knudsen (MK). Estava de partida para os Estados Unidos, com tudo marcado, quando fui chamado para um jantar importante. Sentei-me ao lado de Sebastião Camargo, uma personalidade notável, que dera um salto impressionante da função de mestre de obras para a de dono da maior construtora do Brasil, a Camargo Correa. Ele comemorava, entusiasmado, ter ganhado o contrato para a execução da hidrelétrica de Guri, na Venezuela.

Dias depois, estava eu nos Estados Unidos, participando de reuniões com os sócios americanos, lustrando o nosso relacionamento, quando alguns dos executivos, sentados bem à ponta da mesa comprida em que nos encontrávamos, se mostravam animados com uma informação privilegiadíssima: a fatura líquida e certa da concorrência para as obras de construção – imagine só – de Guri. Sim, isso mesmo, da hidrelétrica de Guri. Surpreso, reportei a eles que Sebastião Camargo recebera, dias antes, a informação do presidente da Venezuela, Carlos Andrés Pérez, de que o contrato já eram favas contadas. Mais surpreso ainda, o supremo comandante da MK desferiu um violento soco na mesa, lançando vinho para todos os lados. Possesso, disparou: "A Venezuela é território americano". Na época, nosso vizinho sul-americano correspondia, por assim dizer, ao Texas. "Eles vão deixar a camisa nessa obra", vociferou. Ouvi e achei tudo meio cinematográfico.

De volta ao Brasil, telefonei para o presidente executivo da Camargo Corrêa, Wilson Quintella – um parente distante meu – e alertei: prepare-se, porque vem artilharia pesada em cima de você. Espantado, ele reiterou: "Não se trata de conversa fiada, temos a palavra do presidente da Venezuela!". A questão é que Perez não conseguiria fazer seu sucessor na eleição de 1978, perdendo o trono para Luis Antonio Herrera Campins, ligado diplomaticamente aos Estados Unidos e, para desespero da Camargo, à MK. Estava devidamente terraplanado o caminho que despacharia a empreiteira brasileira mais cedo para casa. A começar pelos tratoristas venezuelanos, que só queriam trabalhar metade das 12 horas diárias que a Camargo tinha como regra. Ao entrarem em greve, deflagraram o processo de sabotagem e fritura da construtora nacional, que assistiu impotente à fortuna de US$ 50 milhões escorrer pelo ladrão todo mês. A obra foi para o saco da MK. O prejuízo em Guri chegara a tal monta que o governo brasileiro, à guisa de compensação, decidiu colocar a grande companhia lesada à frente da portentosa obra de Tucuruí, no rio Tocantins, estado do Pará. A usina se tornaria a maior hidrelétrica 100% nacional em potência instalada (Itaipu apresenta capacidade superior, mas se divide entre o Brasil e o Paraguai).

Ao retornar dos Estados Unidos, em 1975, para reassumir minhas funções na Montreal, Derek Parker seguia presidente, porém mais dedicado à parte operacional; Thomaz Magalhães, muito ligado à área comercial em São Paulo; e eu, contagiado pela efervescência do pensamento da melhor escola de administração do mundo, cada vez mais vocacionado a gerenciar a companhia como um todo. Propugnei, então, a abertura de seu capital. Nascia a Montreal Empreendimentos. Parker passou a deter 28% das ações; Thomaz, 26%; e o terceiro sócio, Roberto Bergallo, que, de certa maneira, bancara os recursos iniciais para a empresa crescer, 25%. Quando Bergallo morreu, solteiro e sem deixar nenhum descendente, eu, que já era vice-diretor presidente, assumi o controle da parte dele. Em paralelo, continuei lecionando no Instituto de Administração e Gerência (IAG) da PUC durante aproximadamente 10 anos – sou membro do Conselho de Desenvolvimento desde 1978 –, atividade que precisei abandonar quando comecei a viajar muito ao exterior pela empresa. E cheguei a ser regente de cátedra na Universidade do Estado da Guanabara (UEG), atual Universidade do Estado do Rio de Janeiro (Uerj), durante quase 10 anos.

Durante a década de 1970, o regime militar apostava todas as suas fichas em políticas industriais que instituíssem a proteção dos produtos e serviços nacionais contra a concorrência com o estrangeiro. A medida icônica dessa orientação foi a lei de reserva de mercado para a informática. Nosso setor de engenharia também foi brindado, assim como diversos outros, com uma medida de caráter protecionista. O governo decidiu que as empresas estrangeiras precisariam criar *joint ventures* com companhias nacionais para disputar a concorrência em obras públicas. Foi assim, meio que a fórceps, que começou a história da Montreal e da International Engineering, subsidiária da construtora Morrison-Knudsen (MK). As duas empresas tinham uma configuração espelho do nosso modelo Montreal-Promon. A International Engineering acusou o ultimato e caiu no nosso colo. Verdade seja dita, fomos depois, aos poucos, descobrindo que havia muitos pontos de identidade na cultura de ambas as empresas que poderiam até ter estimulado um convívio mais estreito se assim quisesse a roda do destino. Mas o determinante mesmo foi a decisão dos militares: ou os negócios são feitos em associação com empresa privada nacional ou simplesmente não serão mais feitos. Ponto final.

Presente em 35 países e com uma longa atuação no Brasil, já tendo, inclusive, iniciado o projeto da usina hidrelétrica de Itaipu, a International Engineering viu-se forçada a aceitar um projeto de dominação, no qual, em qualquer hipótese daquele ambiente extremamente nacionalista do regime militar, estaria em desvantagem, tanto na interlocução com o governo quanto nos requisitos para vencer as concorrências. Decidiram vender o controle de suas ações e nos procuraram, como primeira opção a ser conversada. Ao tomar conhecimento do quadro conjuntural agudo que eles atravessavam, joguei minhas melhores cartas na mesa. Propus a aquisição da maioria do capital da International pela *holding* Montreal Empreendimentos, passando eu a assumir o leme da nova empresa, agora denominada Internacional de Engenharia (Iesa).

Ao assumir a titularidade da Iesa, acabei por me afastar, em certa medida, do dia a dia da *holding*, pois as atividades como *manager* da área de engenharia consumiam meu tempo integral. Estava coordenando no nível dos detalhes quase mil engenheiros, espalhados em projetos altamente complexos, como as usinas de Itaipu, na fronteira entre Brasil e Paraguai, e Serra da Mesa, na bacia hidrográfica do Araguaia, no Tocantins. Para se imaginar o tamanho do problema, basta lembrar que não dispúnhamos das facilidades e simulações proporcionadas pelos hardwares e softwares atuais. Os cálculos de regressão matemática tinham de ser feitos pelos engenheiros. Era tudo na ponta do lápis, das teclas esmaecidas da máquina de calcular, dos desenhos à mão livre de estruturas nas pranchetas, testes e mais testes para checagem dos trabalhos.

O escritório funcionava numa casa antiga da rua Pinheiro Machado, 22, em frente ao túnel Santa Bárbara, em Laranjeiras, onde existira o antigo Colégio Sacré Coeur. Conhecido como Palacete do Morro da Graça, a residência de estilo eclético, construída em fins do século XIX no alto da colina homônima, pertencera ao senador José Gomes Pinheiro Machado e se tornara um importante centro de reuniões políticas à época da luta pela Proclamação da República. Um local muito bonito realmente. Quem ia à sede da Iesa ficava marcado pelo verde dos jardins e pelo portão do casarão. Em 2001, seria tombada pela prefeitura do Rio de Janeiro.

—▪—

A IESA ASSUMIU Itaipu como projetista em 1975, já no início da obra, cujo estudo original havia sido desenvolvido pela nave mãe International Engineering ao longo dos quatro anos anteriores. Quando da abertura da concorrência para a construção da usina, ficamos encarregados de catalogar as especificações técnicas, devidamente aprovadas pelos sócios binacionais. As vencedoras foram Mendes Júnior e Andrade Gutierrez. Mas não sem a contestação do Paraguai. O presidente da República, general Alfredo Stroessner – já no quarto dos sete mandatos que o marcariam como o mais longevo mandatário da América Latina no século XX, só perdendo para Fidel Castro em Cuba – precisava ser convencido das razões pelas quais a Mendes Júnior levara a melhor.

Lá fui eu ao Palacio de los López me desincumbir da inglória tarefa. Ao fim de minha longa explanação, perguntei confiante: "Então, presidente, ganhou a Mendes Júnior? – Uma grande empresa de construção!" E Strossner, mais que depressa, rebateu: "No.

Ganó Dom Sebastian!". Eu não imaginava a quem ele se referia. E fiquei pensando quem seria o dono e que estranha articulação teria levado aquela bizarra empresa a ser o fiel da balança. Insisti junto a Strossner: "Não foi a Mendes Júnior, o senhor tem certeza?" Ele repetiu impaciente: "No. Ganó Dom Sebastian!" Foi nessa hora que a ficha caiu. Dom Sebastian era Sebastião Camargo, vulgo "China", fundador da empreiteira Camargo Corrêa, que é um potentado na construção pesada nacional. Pois bem, conversa vem, conversa vai, com muito jeito acordamos que o impasse só seria desfeito por meio da formação de um consórcio brasileiro. Claro, garantindo o lugar de honra para Dom Sebastian, que dividiria o negócio com a Mendes Júnior, Andrade Gutierrez e umas duas ou três pequenas paraguaias.

18. O naufrágio

O setor de engenharia nacional é hoje um arremedo do que foi no passado. Para mim, particularmente, que fui empresário e militante do desenvolvimento de uma tecnologia nacional para as áreas de engenharia e construção pesada, é uma triste constatação. Ao colocarmos em perspectiva a capacidade das empresas que dominavam o mercado, entre os anos 1960 e 1980, e suas condições técnicas para o gerenciamento dos projetos e obras portentosos daquela época, é frustrante assistir ao sucateamento de competência técnica de excelência. Não sou um conservador saudosista. Existem boas empresas de engenharia operando hoje. Mas a diferença dos tempos é tão gritante que não há como relativizar. Infelizmente, perdemos *punch*, vantagem competitiva, apoio político e condições técnicas.

O barco começou a afundar com a inflação gigantesca da administração Sarney e naufragou de vez em meio às gestões de Fernando Henrique e Lula. A falta de atenção, por parte dos governos, à crucial etapa de planejamento – que possibilita que a construção aconteça de forma sistemicamente organizada e econômica –, somada aos nefastos "aditivos" de contrato, promoveu o desmantelamento do parque de infraestrutura.

A roubalheira, aumentando exponencialmente o custo final, acabou facilitada pela inexistência de projeto de engenharia básica, de detalhamento, de especificações benfeitas. Sem detalhamento técnico, especificações, rigor, as obras acabaram entregues ao sabor dos interesses políticos. Não há nada que defenda um projeto melhor das práticas ilícitas do que sua precisão e qualidade.

Além da Iesa, o Brasil teve pelo menos cinco companhias de primeiro nível – que consideravam horizontes de demandas públicas de longo prazo – obrigadas a fechar as portas ou mudar de ramo e se adequar às novas condições restritivas do mercado. A Promon, que pertencera à Montreal, passou a atuar apenas em telecomunicações, quando, após a privatização, surgiu a oportunidade de trabalhos no campo de engenharia de torres. Fazem parte desse grupo bem qualificado a Techint e a Consultec.

Todo o sistema elétrico do país foi concebido em um cenário de projeção e trabalho de campo superior a uma década e meia à frente. Começamos a projetar Itaipu cinco anos antes de entrar uma máquina no canteiro de obras. Essa preocupação com o planejamento e a radical busca dos potenciais riscos do projeto acabaram no Brasil, que foi abandonando sua notável capacitação técnica pelo caminho. Se o governo pretender realizar um programa de investimento em infraestrutura, não tem detalhados nem os estudos iniciais.

Nesse contexto, cometeram-se os erros mais escabrosos em matéria de engenharia. As firmas especializadas sumiram. Atualmente, existem os projetistas individuais, enquanto, lá atrás, eles trabalhavam em equipe com outros colegas altamente capacitados do setor. Cada um desenha uma parte, mas não há quem reúna o conjunto – escolha do local, especificação, obra civil, montagem –, que era o papel de uma companhia. Além de uma supervisão que extrapolava as maiores exigências para a aprovação interna do projeto.

Além dos aspectos de planejamento e de excelência profissional, a explosão de empreendimentos vultosos no Brasil deve ainda ser creditada à facilidade com que se conduziam os mecanismos burocráticos na liberação de todas as fases executivas – uma vez que o regime militar impunha com mão de ferro suas decisões. Hoje, é necessário atender a uma série de instâncias, como Ministério Público, Tribunal de Contas, Inea, Ibama, Funai, entre outras. A atribuição dos órgãos de controle da União deveria ser exclusivamente a de fiscalização *a posteriori*, com a devida punição dos que não estivessem cumprindo o contrato. E não, como agora, travar um projeto durante a concorrência ou o desenrolar da obra, cuja paralisação, envolvendo todo um contingente de mão de obra e um arsenal de equipamentos, implica um prejuízo tremendo. O mais dramático é que essa paralisia é guiada, muitas vezes, por fatores subjetivos, sem preocupação com a economicidade das obras.

Havia, claro, um lado negativo no fato de os militares agirem sem nenhum tipo de controle externo – não é assim que as coisas acontecem numa sociedade democrática. Mas a máquina administrativa funcionava bem. E os mandatários tinham uma noção de planejamento. O ex-presidente Ernesto Geisel é um excelente exemplo. Tinha uma exata noção de que o valor era função do tempo. Seu ministro do Planejamento, João Paulo dos Reis Veloso, liderou a elaboração de um Plano Nacional de Desenvolvimento Econômico, ao qual se deve grande parte do sucesso da economia até o governo do general João Figueiredo. A partir de então – e com a ascensão de José Sarney, que sofreu as dificuldades de afirmação da sua própria autoridade devido ao fato de ter assumido o lugar do verdadeiro eleito, Tancredo Neves –, começa a derrocada do processo de desenvolvimento baseado em projetos de infraestrutura, com grande ênfase na expansão da formação bruta de capital fixo. Sofremos então a paralisação dos programas de obras governamentais, que depois nunca foram retomados. Não há mais um único plano no setor de infraestrutura – existe sim, um colar de empreendimentos à espera de conclusão, concessões e privatizações – e dizimaram-se as empresas de engenharia brasileiras.

Das duas, uma: ou se reconstrói esse arcabouço inteiramente demolido, ou então voltaremos ao modelo de submissão integral do passado, quando os projetistas das refinarias da Petrobras, por exemplo, eram norte-americanos. Ou, inexoravelmente, vamos ter de chamar os chineses. A pergunta que já muitos fazem: para que servem as empresas de engenharia nacionais? Esquecem-se de que, além da retenção de tecnologia, da manutenção dos centros de decisão no país, há valores tangíveis e intangíveis. O Brasil não deveria ser somente um pátio de obras para empresas estrangeiras.

—▪—

FREQUENTEMENTE ME PERGUNTO os motivos pelos quais o Brasil está sempre adiando um encontro marcado há muitos decênios com o desenvolvimento duradouro e inclusivo. Existem questões de ordem sociológica, antropológica, históricas e de ciência política. Não me sinto com capacidade para fazer uma reflexão de maior fôlego sobre esses motivos que nos levam a ser um país até condenado à renda média, cuja agenda de crescimento ainda está vinculada ao século XX. Temos ainda de tratar do lixo, da água e do saneamento, de modo que permitam a grande parte da população ter hábitos de higiene minimamente aceitáveis. O fato é que aumentamos novamente nosso *gap* em relação ao mundo, após um período, que vai até o segundo terço do século passado, quando tínhamos encurtado essa diferença. Uma explicação que volta e meia vem à tona é a herança cultural portuguesa, no tocante à forte presença do Estado na vida das empresas e dos cidadãos. O colonizador manteve aqui sua governança altamente burocratizada por quase 400 anos. Portugal só há cerca de 10 anos efetuou grandes reformas com o objetivo de enxugar os milhares de entraves de toda ordem dentro do aparelho de Estado. Mas essa é apenas uma variável. Prefiro não generalizar em função de uma particularidade.

O Brasil foi um país agrícola até a chegada de Getúlio Vargas ao poder, com sua marcha forçada para a industrialização. Vargas poderia ter pedido recursos aos Estados Unidos para expansão da área educacional, quando teve a oportunidade de obter contrapartidas em troca da instalação de uma base militar norte-americana em Natal, para facilitar os deslocamentos da tropa à África e à Europa, durante a II Guerra. Mas optou por uma siderúrgica. O que não é certo ou errado, mas o espírito do tempo naqueles idos. A industrialização era uma verdadeira obsessão.

Lembro-me de que a fundação da Petrobras foi uma festa cívica. O ex-vice-presidente Marco Maciel, com quem sempre mantive as melhores relações, dizia que, diferentemente dos Estados Unidos, aqui o Estado veio antes da nação. Por isso, há diferenças gritantes entre o grau de intervenção estatal nos dois países. Considera-se que uma sociedade está mais madura e desenvolvida quanto menos ela depende da tutela do Estado.

Ao instituir a Consolidação das Leis de Trabalho (CLT), Vargas trouxe a reboque o imposto sindical, almejando ter o controle tanto do empresário quanto do trabalhador. A evolução dessa estratégia de dominação foi que hoje contabilizamos um número absurdo, na faixa de 17 mil sindicatos. Partidos políticos já são 36! E há mais 35 na fila, sequiosos tão somente de abocanhar uma generosa fatia do Fundo Partidário, que em 2017 bateu R$ 819 milhões. Se chegarmos a 70 organizações dentro do Parlamento, viraremos objeto de blague mundial. O presidencialismo brasileiro vai se tornando refém de uma coalizão cada vez mais atomizada. As maiorias sólidas acabam por custar o desvirtuamento completo do projeto original de governo.

Se todos nós não contribuirmos para modificar esse quadro de desorganização político-eleitoral que atinge a estrutura psicossocial do país, seguiremos *ad aeternum* sofrendo solução de continuidade nos programas de governo. Todos sabemos que planos existem também para serem alterados, e as negociações políticas direcionam as trilhas do desenvolvimento. Mas a assimetria de visão entre os grupos de interesse acaba levando os projetos essenciais à mudança positiva de patamar da nação a serem irresponsavelmente largados à deriva. As iniciativas que assumem seu lugar não respondem ao anseio da coletividade, mas ao desejo de minorias com grande poder de influência, não importando o prejuízo que acarretam ao país.

No Brasil, as próprias empresas privadas priorizam uma relação de promiscuidade maior com o Estado. A disputa dos interesses particulares é assim no mundo inteiro, mas o que temos de observar é a escala e o tamanho da dependência. A economia funciona à base de créditos subsidiados, renúncias fiscais, indicações políticas, maior acesso aos organismos estatais, escolha de "cavalos vencedores" e não por outro motivo, é a lubrificação perversa do sistema com o veneno da corrupção. Não há uma culpa direta. A semente foi plantada em tempo imemorial. Basta lembrar que o regime militar, nacional-desenvolvimentista, o mesmo que foi responsável por grandes avanços na direção do crescimento econômico, criou dezenas, se não centenas de estatais, quando essa não era a vocação do Brasil.

O meu grande amigo Hélio Beltrão, à frente do Ministério da Desburocratização, que existiu entre 1979 e 1986, produziu uma série de decretos a fim de minimizar os processos burocráticos que entravam a economia. Mas todas as suas ações foram sumariamente liquidadas, fazendo com que hoje necessitemos cumprir um volume infindável de exigências sem o menor sentido. A Constituição de 1988, por sua vez, que é uma peça ambígua, viabilizou grandes conquistas sociais. Mas, por outro lado, foi demasiadamente intervencionista, institucionalizando uma série de demandas que, somadas, não fecham a equação, tornando a parte fiscal e o sistema previdenciário inviáveis.

—▪—

ACREDITO, na modéstia que caracteriza esta pequena reflexão, ser necessário concentrar a prioridade do país nos investimentos em educação. Está nessa área nosso maior hiato e também nossa oportunidade de corrigirmos esse atraso. A educação inferior é responsável pela menor velocidade e inconstância do nosso desenvolvimento ao longo dos anos. Também nesse campo, há uma disputa de poder com os grupos de interesse e o corporativismo. Não se trata de uma questão de orçamento, mas de prioridade e disposição para enfrentar os segmentos contrariados. Um exemplo: ofertamos o ensino superior de maneira gratuita a quem não precisa desse suporte, porque antes teve condições de frequentar bons colégios privados. Esses privilegiados deveriam pagar para que se concedessem bolsas às pessoas de baixa renda. O custo de um aluno universitário equivale a 10 vezes mais que o dos cursos fundamental e médio, que não se beneficiam de professores bem preparados, pois com esse gasto gigantesco e desnecessário não sobram recursos para pagá-los a contento.

O modelo de educação é perverso e realimenta a desigualdade de renda. Não ataca o índice alarmante de evasão na escola fundamental e na própria faculdade. Nesse âmbito, precisamos aprimorar o sistema de cotas, buscando uma adequação para os alunos que não conseguem acompanhar o nível das matérias, por não terem tido a escolaridade necessária durante o ensino médio. Se conseguíssemos atrair bons professores por meio de salários compatíveis, desmontando-se a incongruência do sistema atual, teríamos, em decorrência, bons alunos. E bons alunos acessam a universidade mais facilmente. É crucial que se promova uma reforma de fundo. Ninguém faz milagre. Essa questão não se resolve em meia dúzia de anos – a Coreia do Sul, um caso emblemático de sucesso, levou mais de duas décadas investindo em educação. Trata-se de um país infinitamente menor que o Brasil, cujos problemas se amplificam por suas dimensões territoriais e demográficas. Mas, como dizem os chineses, uma caminhada se faz com um primeiro passo.

—■—

AINDA NO CONTINENTE ASIÁTICO, se quisermos retroceder ao século XIX, podemos citar o legado da mulher mais importante da história da China – Cixi (1835-1908), a chamada “Imperatriz de Ferro”.

Aos 16 anos, fora selecionada para tornar-se uma das concubinas do imperador, que morre em 1861. O filho de ambos, de cinco anos de idade, assume o trono. Viúva, Cixi trama um golpe contra os regentes indicados pelo marido e se transforma na verdadeira líder do país.

No poder por quase meio século, até seu falecimento, é considerada a principal responsável pela tortuosa travessia do império medieval até a era moderna. Ela pegou a China miserável e completamente atrasada da dinastia Qing, com 99% da população analfabeta, e comandou uma impressionante revolução cultural, que pavimentou a implementação dos fundamentos de um Estado moderno, à *la* Ocidente, fomentando a indústria, o setor elétrico e a construção de ferrovias.

Essa mulher, a Deng Xiaoping do século XIX, fez na China o que ninguém realizou até agora no Brasil. E só conseguiu a façanha porque, retomando-se aqui o fio da questão do sistema político, lá não existia Parlamento – a imperatriz mandava nos vice-reis das províncias. Os chineses até hoje não aceitam abrir mão de um partido único, porque aprenderam que o regime democrático é de difícil administração, sobretudo num país com milhões de eleitores não qualificados para escolher os governantes certos.

Churchill, o grande estadista inglês, dizia que a democracia é um péssimo sistema político, mas não há outro melhor. Os chineses, parece, querem demonstrar o oposto. Será que conseguirão, ao longo dos anos, permanecer com partido único e autocracia?

19. Capixabas

Conheci Ernane Galvêas em 1961, quando a sede do Ministério da Fazenda ainda ficava no Rio de Janeiro, já ex-capital federal na época. Ele era consultor econômico da pasta. Foi um dos mais duradouros funcionários públicos do alto escalão da área econômica do governo. Atravessou as gestões de Jânio Quadros, João Goulart e do marechal Castello Branco. Foi presidente do Banco Central duas vezes e ministro da Fazenda, sempre ligado à melhor tecnoburocracia que o Estado já teve, liderada por nomes como Roberto Campos, Octávio Gouvêa de Bulhões, Mario Henrique Simonsen e Delfim Netto.

Galvêas veio do Espírito Santo para o Rio inaugurando uma safra de notáveis técnicos capixabas que fizeram do pequeno estado de origem um celeiro de obras e talentos. Discretíssimo em seus ternos sóbrios de cor fechada, ele contrastava no estilo vetusto pelo uso de um pequeno *moustache* conforme a moda *latin lover* dos anos 1960. O fato é que, em se tratando de assuntos fazendários, era uma unanimidade! Com uma prodigiosa memória, trazia na ponta da língua e do lápis (ninguém sonhava com computadores) a resposta para intrincadas questões e legislações de sua área.

Portanto, quando as dúvidas envolviam assuntos econômicos, o caminho era um só: "Pergunte ao Galvêas".

Fomos criando empatia, já que, no Brasil daquele tempo, os economistas e engenheiros em ação no campo de infraestrutura e na construção do Estado moderno formavam um grupo restrito. Invariavelmente, tínhamos de decidir em conjunto sobre empreitadas que diziam respeito ao desenvolvimento do país. Nosso relacionamento se ampliou quando o ilustre economista, no cargo de ministro da Fazenda em Brasília, mas mantendo a família no Rio, passou a organizar almoços às sextas-feiras no Centro da cidade, em torno de alguns empresários. A partir desses encontros, começamos a construir uma sólida amizade, que enveredou para a convivência familiar. A saudosa Léa, esposa dele, e a minha Titina também se tornaram boas amigas.

As nossas lembranças de Léa são as melhores possíveis. Tivemos um relacionamento bastante afetuoso, por meio de visitas e correspondências frequentes. Ela guardava todos os cartões postais que Titina lhe enviava de cada pedacinho do mundo por nós visitado. Reservada, dizia que não gostava de sair, mas jamais deixou de participar de bazares de caridade e de colaborar com a obra social que dirigimos por 20 anos. Guardamos muitas saudades. É como se ela fosse aparecer a qualquer momento para papearmos sobre todos aqueles assuntos do passado.

Recordo que Galvêas e eu, junto com nossas esposas, fizemos uma viagem a Istambul para participar de um congresso da Confederação Nacional do Comércio (CNC). Alugamos um veleiro para um belíssimo passeio à tardinha pelo Bósforo – um estreito que conecta o mar Negro ao mar de Mármara e delimita os continentes asiático e europeu na Turquia. Durante o percurso de cerca de 30 quilômetros, Galvêas arranjou um violão no barco e nos revelou seus inesperados dotes artísticos, interpretando com uma potência vocal surpreendente canções que todos conhecíamos dos tempos de juventude. Tornou o passeio melhor ainda.

Em grande forma intelectual do alto de seus 95 anos, um touro de saúde, Galvêas me pediu recentemente a indicação de um fisioterapeuta para lhe aplacar as incômodas dores na coluna. Passei-lhe o nome de meu conhecimento, imaginando que possivelmente o desconforto pudesse impedir sua presença laboral por algum tempo. Ledo engano, pois não há pontada na região lombar ou mesmo intempérie que o afaste de capitanear as sessões do Conselho Técnico da CNC, todas as terças-feiras. Além das reuniões na confederação, estamos juntos também no Conselho Diretor da FGV e na Associação de Pesquisa Econômica (Apec). Galvêas é o presidente e eu sou o vice desta última entidade, que há anos vem contribuindo, em suas publicações e encontros mensais, com análises, críticas e proposições em temas de interesse nacional. Em 1974, Galvêas assumiu a vice-presidência da Aracruz Celulose, um colosso de porte internacional, onde foi um dos responsáveis por fazer do empreendimento um dos grandes exportadores do insumo no mundo.

Há milênios, a amizade inspira escritores e poetas. E todos proclamam em seus versos que ela nasce espontaneamente, porém só dá os melhores frutos se for cultivada a cada dia. Galvêas e eu temos feito isso até hoje. Construímos no presente nosso tesouro de recordações do passado, que só aumenta e vai se tornando mais valioso. São as joias desse tesouro que nos ajudam a suportar os infortúnios que todos nós atravessamos na vida.

—▪—

FOI EM MEADOS dos anos 1960, durante o primeiro reinado de Eliezer Batista na Companhia Vale do Rio Doce, que conheci o engenheiro Marcos Pereira Vianna. Fizemos obras para a CVRD pela Montreal. Marcos, capixaba de nascença e de coração, era um dos líderes do excelente time de profissionais da mineradora, que construiu uma das vultosas obras de logística do país, o Porto de Tubarão. Ao lado dele na direção da Vale também estava outro grande amigo, Rony Lírio, que depois viria para o Rio de Janeiro assumir a vice-presidência da Sul América, onde se destacou como uma das figuras mais proeminentes do setor de seguros. Naquela época, éramos todos jovens, querendo fazer do Brasil uma América.

Em 1970, Marcos Vianna deixaria a Vale para assumir o comando do BNDE (ainda sem o "S" de social no nome), a convite pessoal do general Geisel. Marcos foi o mais longevo presidente do banco, comandando a instituição por nove anos, durante o tríplice generalato de Médici, Geisel e Figueiredo. Seu nome está gravado na história da indústria brasileira. Desempenhou um papel relevante na política de substituição de importações – que propulsionou a industrialização brasileira na década de 1970 – e participou intensamente do II Plano Nacional de Desenvolvimento, que o falecido professor Antônio Barros de Castro, também presidente do BNDES, chamaria depois de "desenvolvimento em marcha forçada". Castro convidaria Vianna para ser seu assessor especial durante seu curto mandato.

Sob sua égide, o BNDES passou a gerir recursos do PIS/Pasep, visando expandir o orçamento anual e a linha de financiamentos ao setor de infraestrutura. Era curiosa a relação entre Marcos e Geisel, com quem despachava diretamente, causando animosidades no meio dos auxiliares mais próximos, os "ministros da casa". O general Golbery do Couto e Silva, por exemplo, não cumprimentava Marcos, segundo seu relato. A afinidade entre Geisel e Marcos tinha até um quê de filial, mantidos, claro, a cerimônia e o formalismo de que o general nunca abriu mão. Como o ex-presidente tinha perdido um filho, Orlando Geisel (o mesmo nome de seu irmão), Marcos achava que o militar, descendente de imigrantes luteranos alemães, poderia ter enxergado nele uma sublimação da perda dolorosa. Falava isso sem pretensão, claro. Ambos, cada um a seu modo, personificavam aguerridos desenvolvimentistas. Marcos, na realidade, era Geisel na presidência do banco. Por isso, não lhe faltaram recursos e condições para custear o maior programa de fomento à indústria no país.

A história é um espelho trincado, ou, como diria Karl Marx, só se repete na forma de farsa. Marcos, sob os auspícios de Geisel, criou a política de privilegiar setores e empresas para os financiamentos do BNDE. Décadas depois, os governos de Lula e Dilma Rousseff também fundariam um clube fechado dos "campeões nacionais", companhias privilegiadas com recursos gigantescos do banco e que acabaram quebrando, ou, pelo menos, não se mostrando competitivas. Marcos sofreu duras críticas no sentido de beneficiar determinados grupos empresariais, liberando subsídios e incentivos. Nunca as aceitou. Sob a alegação de que era preciso assegurar investimentos privados em ramos ainda incipientes no país, ele, por exemplo, limitou a correção monetária incidente sobre os créditos do banco a 20%, enquanto a taxa inflacionária já batia a casa de 30%.

A verdade é que, não fossem o BNDE e seus pesados incentivos, segmentos como siderurgia (CSN), petroquímica (Polo de Camaçari) e papel e celulose (Aracruz) não se teriam desenvolvido. O banco, sob sua batuta, ganhou uma nova dimensão ao capitalizar as empresas em meio à conjuntura recessiva internacional. Foi em sua gestão que o órgão migrou do antigo prédio no início da avenida Rio Branco, perto da praça Mauá, para o suntuoso edifício de vidros negros na avenida Chile. Formava, assim, ao lado das também imponentes sedes da Petrobras e do Banco Nacional de Habitação (BNH) – mais tarde, da Caixa Econômica Federal (CEF) –, o que a irreverência carioca apelidou de "Triângulo das Bermudas". A alcunha aludia aos fenômenos inexplicáveis de desparecimentos, inclusive de navios e aviões, que cercam a região caribenha, traçando um paralelo com a falta de transparência nos gastos públicos associados às estatais.

A convite de Marcos, de quem já havia me aproximado desde os tempos da Vale, fui para o Conselho de Administração do BNDE, em 1975, onde permaneci por cinco anos. Quando vendi minha participação acionária na Montreal Empreendimentos, em 1990, Marcos foi uma das primeiras pessoas em quem pensei para abrir uma empresa de consultoria – ideia que eu já vinha matutando há algum tempo. Assim nasceu a Concorp – na esquina das ruas do Carmo e Assembleia, Centro da cidade. Juntaram-se a nós Rony Lyrio, ex-presidente executivo da Companhia Sul América, Sérgio Menezes, ex-diretor do Banco Bozano Simonsen, José Eduardo Carvalho e Roosevelt Duarte. Era de novo o núcleo duro da tão bem-sucedida turma da Vale mais uma vez reunido. Eu já era sócio honorário, e Sérgio Menezes vinha emprestar o lado financista. Fundaríamos juntos também a Hexágono, um híbrido de distribuidora de títulos de valores, que não durou muito.

RONY LÍRIO, além de um companheiro muito querido, acabou intermediando outra relação igualmente valiosa para mim: a amizade com Leonídio Ribeiro Filho, que não era capixaba, mas se tornou tão presente quanto ele na minha vida e de Titina. Em 1977, Leonídio assumira a presidência da Sul América – companhia de seguros responsável pela cobertura de todos os equipamentos da Montreal –, tendo Rony como vice. Seu pai, de quem herdou o nome, havia legado uma trajetória exitosa na empresa, o que lhe deu o suporte necessário a implementar as medidas modernizantes.

Na época áurea de sua gestão, a Sul América cresceu tanto que passou a proporcionar deferências nababescas em relação aos clientes *vips*: fretava aviões para levá-los a grandes *resorts* pelo Brasil, onde permaneciam por até uma semana. Encontramo-nos várias vezes nesses eventos, como nos do Méditerranée de Itaparica, na Bahia, ou de Mangaratiba, no Rio de Janeiro. À medida que íamos nos reunindo em diversos outros lugares, ficávamos cada vez mais próximos. Tornamo-nos amigos íntimos. Era um personagem carismático e um exímio contador de "causos".

Leonídio vivia intensamente. Ganhou muito dinheiro – comprou, inclusive, uma ilha em Angra dos Reis. Tricolor roxo e apaixonado por turfe – chegou a candidatar-se à presidência do Jockey, no início da década de 1980. Leonídio adorava pesca submarina e mergulho (promovia campeonato de apneia em Angra). De três casamentos diferentes, teve seis filhos, incluindo a atriz Maria Ribeiro, que prepara um documentário sobre o pai.

20. Carajás

Tudo o que puder ser dito sobre o projeto Carajás será insuficiente. Carajás é o maior épico da engenharia brasileira, um projeto integrado de mina, ferrovia e porto, na região do Pará, que atravessa a selva até o Maranhão. Tudo é superlativo no Carajás. O teor de ferro contido no minério é o maior do mundo. Refere-se ao *sinter feed*, cuja pureza do ferro permite sua utilização quase *in natura*. A mina de Carajás é a maior do mundo. Trata-se de uma província metalogenética, contendo, além do ferro, ouro, bauxita, estanho, níquel, manganês e cobre. O porto de Itaqui é um dos maiores do mundo. A ferrovia que liga a mina ao porto também é das maiores do planeta. Para ser preciso, Carajás engloba territórios a oeste do Maranhão, norte do Tocantins e sudoeste do Pará, num total de 895 quilômetros quadrados (quase a área do estado de Mato Grosso), cortados pelos rios Xingu, Araguaia e Tocantins. Em síntese, Carajás está naquela galeria de projetos que nos orgulham.

A Internacional de Engenharia foi a responsável por quase todo o Projeto Carajás, a convite de Eliezer Batista, em sua gestão à frente da Vale do Rio Doce, em pleno governo João Figueiredo. O mergulho naquele empreendimento foi abissal. Até hoje é difícil explicar o que significava construir o projeto naquele momento. Era extremamente complexo porque tinha centenas de conexões e intrincadas ligações com outras iniciativas naquele mar de oportunidades. Por exemplo: Carajás abrangia ainda a exploração dos recursos agroflorestais, agropecuários e extrativistas, mais o aproveitamento do potencial hidrelétrico de alguns rios amazônicos, como o Tocantins, onde se construiu a usina de Tucuruí (Pará), destinada ao fornecimento de energia à indústria de alumínio, e tinha espaço para um corredor de *mini steels*, além de potencial para diversas usinas metalúrgicas.

Não fomos os responsáveis pelas obras físicas, e sim pelos projetos da mina em si e do porto de Itaqui, no Maranhão (escolhido em razão de seu grande calado). A Iesa tinha papel fundamental à frente da gigantesca empreitada. Comandávamos todo o desenho do projeto. Lembro que dr. Eliezer sofreu uma forte pressão na época para utilizar um porto fluvial, que seria mais barato do que o do Maranhão. Demos o suporte técnico que podíamos para ele, defendendo o formato original do Carajás. Como se dr. Eliezer precisasse de algum apoio. Trovejou contra os detratores da perfeita concepção do projeto: "Quem defende isso não entende nada de minério de ferro. Não interessa o quanto custa levá-lo da mina ao porto brasileiro. A conta deve pesar em como transportá-lo até a China pelo menor preço. Num rio, só poderiam sair embarcações pequenas, enquanto o porto do Maranhão tinha profundidade para navios de 400 mil toneladas", rebatia, categórico, dr. Eliezer.

Naquela época era como se vivêssemos dentro de um romance do Josep Conrad, avançando na direção da mata fechada para ver *in loco* o que estávamos desenhando. Ali, a sensação indubitável era de que estávamos construindo o Brasil profundo, que alimentaria com os recursos das suas exportações os outros "Brasis", tão carentes do atendimento de necessidades básicas. O projeto todo nos encheu de orgulho, e o desenho da ferrovia foi especial. Projetamos a linha férrea no intuito de facilitar o escoamento das riquezas minerais, a maior parte exportada, dotando-a de um moderno sistema de controle automático de trens, por meio de comunicações bidirecionais para gerenciar o tráfego. O sistema de alta resolução permitia localizar a posição exata do veículo numa determinada linha. Isso possibilitava o desvio de um comboio com precisão e em tempo hábil, evitando-se colisões e garantindo-se eficiência e segurança às operações.

Todo esse grandioso empreendimento, não custa lembrar, foi construído no meio da selva, onde não havia rigorosamente nada em termos de infraestrutura, nem energia elétrica! Depois que a Vale começou a extrair minério é que surgiriam as primeiras levas de milhares de garimpeiros em busca de ouro na Serra Pelada. Atualmente, a região exporta mais de 100 milhões de toneladas de minério de ferro ao ano, sobretudo para a Ásia. Tudo foi feito em prazo recorde, como, aliás, era o comum naqueles idos, quando cronograma não era uma palavra oca, mas sim uma orientação para ser cumprida. As obras da ferrovia se iniciaram em 1982 e foram finalizadas em 1985. Um colosso.

21. Eliezer

Eliezer Batista é uma superprodução intelectual. Talvez tenha sido um dos personagens mais grandiosos com quem eu tenha convivido. Com uma personalidade operística, Eliezer falava sete idiomas, era engenheiro, botânico e matemático, escreveu partituras musicais, pertenceu a quase uma dezena de academias de ciência pelo mundo afora, idealizou e construiu alguns dos maiores projetos de economia física do país e, não bastasse esse vastíssimo cabedal, era uma personalidade irresistível. Emérito contador de piadas, fazia sorrir até o mais vetusto dos interlocutores. Conheceu todo mundo, de Marcello Mastroianni a Salvador Dali, passando pelo marechal Tito. Travamos contato pela primeira vez nos anos 1960. Eliezer Batista havia sido designado para comandar a Vale do Rio Doce pelo presidente Jânio Quadros, em seu derradeiro ato antes da renúncia, em 1961. Como principal projetista da companhia, a Montreal foi convocada por ele para trabalhar na eletrificação da Região Metropolitana do Vale do Aço, de Ipatinga, no interior de Minas Gerais, até o Espírito Santo – onde seriam realizados os embarques de minério de ferro para a exportação.

Eliezer tomou para si o desafio da logística portuária nacional. E decidiu simplesmente fazer mágica. Ao converter o conceito de distância física em distância econômica, conseguiu que o Brasil entregasse o insumo ao Japão, via porto de Tubarão, na parte continental de Vitória, a preços competitivos em relação a países como a Austrália, que se encontravam do lado dos principais mercados consumidores. Pode-se afirmar que Eliezer trouxe o Japão para o nosso quintal. Ao propulsionar uma verdadeira revolução no sistema de transporte marítimo-ferroviário de granéis sólidos e líquidos em âmbito mundial, o mineiro de Nova Era e cidadão do mundo recebeu a mais alta condecoração do governo nipônico.

Em outra nação, ou, melhor dizendo, em outra circunstância, Eliezer também seria consagrado em seu país de origem. Ocorre que, nesse curto espaço de tempo, decidiu atender ao chamado do presidente João Goulart para assumir o Ministério das Minas e Energia. Naquele tempo, não se dizia "não" à convocação para servir ao Estado. Eliezer não tinha maiores simpatias pelo governo, mas, dizia com sua voz roufenha: "Sou um funcionário da minha pátria". Pouquíssimo tempo após tornar-se ministro, o presidente Jango foi deposto pelos militares e com ele todo o ministério. Eliezer, que tinha aprendido russo na juventude em função da sua paixão pelo canto gregoriano, foi tachado de comunista e por pouco escapou de ser cassado. Ele dizia: "Sou tão comunista quanto cirurgião da próstata ou palhaço de circo".

Salvou-o das grades o marechal Castello Branco, recém-empossado no Palácio do Planalto, a pedido de Roberto Campos, que o queria na chefia do seu gabinete no Ministério do Planejamento. Eliezer respondeu que não colaboraria com os "gorilas". Eles não o tinham reconhecido como funcionário do Estado brasileiro quando o arrancaram do cargo de forma desmoralizante. Enquanto o governo não mudasse, estava fora. Castello, sabendo que ele era turrão, mandou o recado para que procurasse, de "livre e espontânea vontade", abrigo numa mineradora privada. O conselho foi dado com conhecimento de causa: Castello certamente sabia das excelentes relações que Eliezer mantinha com o empresário Augusto Trajano de Azevedo Antunes, uma verdadeira lenda do empresariado nacional. De 1964 a 1968, Eliezer exerceu o cargo de diretor-presidente da Minerações Brasileiras Reunidas, que foi construída como uma Vale em miniatura, repetindo o bem-sucedido modelo de logística integrada mina-ferrovia-porto.

Em 1978, voltaria ao comando da Vale, a convite do presidente Figueiredo. E de novo deixaria sua assinatura marcante na história da companhia, ao tocar o Projeto Carajás, sua assinatura por excelência. Programa Grande Carajás, de exploração mineral, numa área equivalente a um décimo do território nacional, a sudoeste do Pará, norte de Tocantins e oeste do Maranhão. Ele tinha tanta confiança na Montreal como firma de engenharia que nos escolheu pessoalmente para elaborar o projeto. Graças a Eliezer chegamos à China quando aquele mercado ainda era uma pequena fração da enormidade de hoje. Sua concepção dos portos capazes de receber navios de grande calado fez do Oriente nosso vizinho. Foi essa engenharia logística que permitiu o escoamento de minério de ferro a um custo competitivo até a China – que na época nem de porto dispunha para receber navios de grande porte.

Nunca mais perdi Eliezer Batista de vista. Volta e meia nos encontramos em almoços, em que ele deveria até cobrar a entrada, devido ao *show* de alegria que proporcionava. Estive antes de seu falecimento visitando-o com meu amigo Galvêas, para colher inspiração com "d. Batista", conforme era chamado carinhosamente pelos funcionários da Vale. Eliezer pensava mais longe do que todos, ele enxergava nas estrelas.

22. Jari

Em 1967, o magnata setuagenário norte-americano Daniel Keith Ludwig – um dos quatro homens mais ricos do mundo, com uma fortuna estimada em US$ 5 bilhões – havia adquirido uma área fronteiriça entre os estados do Pará e do Amapá: nada menos que 16 mil quilômetros quadrados (o equivalente a mais de 10 cidades de São Paulo), por US$ 4,7 milhões. Talvez não seja exagero consignar que tenha se tornado então o maior latifundiário do Ocidente. No fabuloso território, ele implantou o Jari Florestal e Agropecuária, às margens do rio Jari, visando à produção de celulose e alimentos. A concepção do projeto (um dos mais polêmicos da história moderna brasileira) remetia a Henry Ford, que no início do século XX lançava automóveis cada vez mais baratos – simplesmente porque fabricava todos os componentes de sua linha de montagem. Menos pneu, por não cultivar seringueiras: o látex vinha tabelado, do Sudeste asiático, indutor do debacle do nosso ciclo da borracha. Ford cismou de criar sua própria colônia do insumo no bioma amazonense, numa área de 10 mil quilômetros quadrados (quase dois "Distritos Federais"), às margens do rio Tapajós (PA).

Em outra ocasião, nos cafundós da mata equatorial, brotaria uma versão cabocla do *american dream*. A chamada "Fordlândia" reproduzia um típico subúrbio dos Estados Unidos: casas brancas de alvenaria com jardins, largas calçadas, clubes, além de alojamentos e escolas. Nada disso adiantaria: a combinação de idealismo e falta de planejamento perdeu de goleada para o ataque furioso de insetos e fungos, a inadaptação dos trabalhadores à cartilha de Detroit e, finalmente, a viabilidade da borracha sintética para fins industriais. Em 1945, Ford bateria em retirada da floresta, levando na bagagem malas e malas de prejuízo. O magnata norte-americano já havia sido superado pelo inglês Brian Sweeney Fitzgerald – chamado pelos índios de "Fitzcarraldo", que tentou fazer uma casa de ópera na remota cidade de Iquitos, no alto da Amazônia, construir a estrada de ferro transandina, uma fábrica de gelo no meio da selva e, finalmente, atravessar com um gigantesco barco fluvial mata adentro para explorar borracha.

À semelhança de Ford, Ludwig também não guardava familiaridade com o ramo em que estrearia: o da celulose. Era um homem de logística de navios, que enriquecera quando, por visão, sorte ou a combinação das duas coisas, enveredou pela construção de uma expressiva rede de superpetroleiros, após a II Guerra Mundial. Na década subsequente, a valorização do petróleo no Oriente Médio levou ao conflito de Suez, envolvendo França, Inglaterra e Israel na disputa com o Egito pelo domínio do canal homônimo, um ponto estratégico conectando, por meio do Mar Vermelho, Europa e Ásia, sem necessidade de contornar o continente africano. O bloqueio do canal – e da consequente passagem pelo Mediterrâneo – determinado por Gamal Abdel Nasser, presidente do Egito, fez do americano Daniel Ludwig o detentor praticamente exclusivo da capacidade de transportar petróleo para lá. Assim, ele amealhou espantosa fortuna.

Ludwig era amigo dileto do empresário Augusto Trajano de Azevedo Antunes que, por meio de sua *holding*, a Companhia Auxiliar de Mineração (Caemi) – a maior companhia privada do setor no país –, explorava, entre outros minérios, as jazidas de manganês na serra do Navio, no Amapá, e o minério de ferro, em Nova Lima, por meio da Minerações Brasileiras Reunidas, ambas em associação com o capital estrangeiro. Antunes era um empresário de muito "pé na terra" e, muito provavelmente, não foi ele quem influenciou o americano na decisão de fazer uma planta colossal de celulose na região. Antevendo a explosão da demanda pelo insumo no mundo, Ludwig conseguiu uma autorização do governo Médici para cultivar *Gmelina*, espécie da Malásia, que, segundo apostava, crescia mais depressa que outras espécies de eucaliptos e *Pinus*, árvores mais tradicionais das quais se extraía a celulose.

—▪—

NO INTUITO DE AUMENTAR a viabilidade econômica e servir à fábrica de celulose, Ludwig pleiteava o direito de executar também uma usina hidrelétrica, que se chamaria Santo Antônio – passo que o governo brasileiro nunca permitiu. Ele não entendia bem a falta de colaboração das autoridades a um negócio de tamanha magnitude. E não sabia lidar com os militares da Marinha – a força que patrulhava a região em cima de corvetas para identificar invasões –, em particular, um oficial que era uma espécie de vice-rei da Amazônia, o influente almirante Roberto Gama e Silva, que trabalhava no Gabinete Militar do Palácio do Planalto.

Nesse contexto, Daniel Ludwig ia investindo – e perdendo – uma dinheirama. Além da celulose, ele tentara, em 1974, plantar 14 mil hectares de arroz. Simplesmente esqueceu-se dos penáceos. Vinha um avião, jogava as sementes no solo e, 10 minutos depois, os pássaros já as haviam devorado. Aos moldes do conterrâneo Henry Ford, ele não dominava as coordenadas e características bioclimáticas da Amazônia, completamente distintas das dos Estados Unidos ou da China, por exemplo. Instalou-se, então, um sistema de postes com explosivos dentro, não para matar, só para espantar as aves, que logo entenderam que o barulho não as exterminava – e continuaram tranquilas a comer as sementes. Fracasso absoluto também dos futuros arrozais.

O ápice da megalomania do Jari ainda estaria por vir. Uma verdadeira produção de Cecil. B. de Mille. Ludwig, em vez de construir a planta industrial nessas plagas, por meio de moldes pré-montados, resolveu contratar, na Ishikawajima, uma fábrica já pronta. E trouxe aqueles verdadeiros estádios do Maracanã puxados por embarcações que atravessaram meio planeta.

Em 1978, após uma meia volta ao mundo de navio por quase dois meses, chegaram do Japão duas plataformas flutuantes – uma unidade industrial e uma usina termogeradora – para o Jari. A fábrica mais parecia um submarino, com os compartimentos espremidos em corredores de 60 centímetros, a fim de economizar espaço.

Devido ao isolamento da região, repetiu-se a sina fordiana: criou-se uma impactante estrutura logística, da abertura de estradas, ferrovias, porto e aeroporto à construção de uma verdadeira cidade, com moradias de bom padrão para as equipes técnicas, vilas operárias, hospital e escolas destinadas a uma população que chegou a atingir 30 mil habitantes. Não obstante os esforços do norte-americano, o regime militar do jeito que estava continuou: nenhum sinal de entusiasmo em relação ao projeto, que a essa altura era visto como séria ameaça à soberania nacional, angariando a antipatia igualmente da comunidade civil. Em 1979, o representante do Jari foi vaiado durante a reunião anual da Sociedade Brasileira de Pesquisa Científica (SBPC), que protestava contra o desmatamento de mais de 700 mil hectares de florestas.

Como se não bastasse, a década de 1980 começaria com dúvidas em torno da posse legal da área, adquirida em 1967 – se Ludwig teria direito somente ao uso e não à propriedade da terra. Logo, o Palácio do Planalto, agora sob as rédeas do general Figueiredo, instituiria o Grupo Executivo para a Região do Baixo Amazonas (Gebam), vinculado diretamente ao Serviço Nacional de Informação (SNI), objetivando intensificar a presença do governo federal na região. O Gebam, sob o comando do almirante Gama e Silva, atuaria como um bombardeio feroz ao Jari e exerceria um papel fundamental na saída de Ludwig do projeto – e na sua decorrente nacionalização.

23. Missão

A crítica indistinta ao Jari na condição de "empreendimento alienígena", que conseguiu o prodígio de escalar direita e esquerda no mesmo lado do campo, fervia inflamada pela mídia. Somente os vendilhões do templo poderiam perfilar-se a favor de Daniel Ludwig. A Amazônia era o pulmão do mundo e não poderia pertencer a um gringo, que teria feito do seu negócio um *cluster* dentro do território nacional. Aos poucos, o sonhado polo agroindustrial foi ficando restrito à produção de celulose. A pressão foi tanta que um dia, já bem idoso, adoentado e sem poder sair de seu apartamento no Central Park, em Nova York, Ludwig colocou a língua de fora e beijou a lona: "Não aguento mais, vou fechar tudo no Brasil".

O norte-americano ligou para o general Golbery do Couto e Silva, eminência do regime, que incumbiu o amigo comum Augusto Trajano de Azevedo Antunes de auxiliá-lo na tarefa. Do alto de sua respeitabilidade e liderança empresarial, Antunes foi conversar com Delfim Netto, um czar da economia àquela época. Antunes foi pedir uma solução e saiu de lá com um senhor problema! O ministro do Planejamento do presidente Figueiredo designou-o então, em 1982, para capitanear a organização de um grupo com os maiores empresários do Brasil destinado a assumir o Jari. Em contrapartida, receberiam linhas de crédito via BNDES (então BNDE) e Banco do Brasil, no intuito de formarem capital de giro e seguirem tocando o negócio. Uma convocação de Delfim Netto em pleno regime militar não era um pedido para ser desdenhado.

Desse modo, a partir de um acordo com Ludwig (que do negócio saiu com uma mão na frente e a outra atrás), instituiu-se uma sociedade, com 23 empresários – sob a liderança de Azevedo Antunes –, os quais não entravam em concordância acerca de quem poderia presidi-la. Sei que minha escolha não foi fruto do consenso. E sei também que a simpatia de Azevedo Antunes valia por muitos votos. Na época, o dono da Caemi já havia me convidado para o Conselho de Administração da mineradora. Ele gostava dos serviços da Iesa. Mas acho mesmo que não tinha muitos personagens com o meu perfil para a missão. Até porque, a disposição de aceitar o cargo já exigia um arrojo fronteiriço ao mau senso. Mas primeiro veio um susto de arrasar.

Um dia, eu estava em Paris a negócios pela Iesa. Sozinho no hotel, deitado na cama e fumando um charuto, recebo uma ligação do dr. Antunes, fato bem pouco usual, tendo em vista o horário e o estilo demasiadamente formal do empresário. Atendi com a voz de admiração de sempre: "Dr. Antunes, como vai o senhor?" Ele me tratava com cerimônia, me chamando de dr. Sergio, apesar de ser bem mais velho do que eu. Mas voltando exatamente da primeira palavra: "Dr. Sergio, o grupo de empresários o elegeu presidente do Jari". Tal foi meu susto que deixei cair a brasa do charuto, queimando o lençol. Já abraçava uma pilha de afazeres na Iesa e na Montreal. Não teria, em tese, condições de também desamarrar aquele embrulho. Ainda atônito, respondi que o procuraria na chegada ao Brasil, dali a dois dias.

Quando desembarquei no Aeroporto do Galeão, havia jornalistas me cercando por todos os lados. E o repórter da TV Globo me perguntou à queima-roupa: "O senhor aceitará a presidência do Jari?" Devolvi: "Primeiro, vou conversar com minha mulher". Essa frase ficou célebre na época. As pessoas acharam aquilo muito pitoresco. Mas Titina era realmente a voz mais importante a ser ouvida naquele momento. Ela, como sempre com um enorme tirocínio, disse que me apoiaria em qualquer decisão, mas que pensasse na importância da missão e na confiança que o dr. Antunes depositava em mim. E assim se deu. Dr. Antunes me convenceu a assumir o cargo, garantindo que as novas funções de interlocutor com o governo não exigiriam o afastamento de minhas intensas atividades empresariais – na realidade, me tomariam apenas um dia na semana. Meu primeiro ato foi transferir o escritório central de Londres para cá. A área financeira, absurdamente, não ficava no Brasil, outra sinalização de supremacia externa que injuriava o governo.

A título de explicação, o caso do Jari não correspondeu exatamente a uma desapropriação, porque esta, por força de lei, não pode em princípio beneficiar a iniciativa privada; só atender a interesses públicos. A rigor, os empresários assumiram o valor da dívida que Daniel Ludwig contraíra. Na outra ponta, claro, estava o financiamento público. Solucionado o imbróglio, decidi visitar o Jari, sem fazer a mais vaga ideia do que encontraria por lá.

Um tremendo choque cultural foi conhecer uma cidade partida e conflagrada. O pessoal americano, residente em vilas de bom padrão, com ar-condicionado, piscina e quadra de tênis, não teve habilidade para administrar situações socioeconômicas atípicas como essas.

Então foi surgindo uma enorme favela sobre palafitas, o Beiradão – assim apelidada por proliferar à margem do rio Jari. Pessoas que chegavam atraídas pela possibilidade de fazer bicos iam se amontoando por ali, aglomeradas em condições sub-humanas, com péssimos recursos sanitários, numa romaria que não parava de aumentar. Em suma, um caldo de cultura propício à expansão da prostituição e criminalidade.

O Jari parecia sofrer de uma maldição, que fazia com que todas as tentativas de correção de rota falhassem. A impressão é que o ecossistema reagia contra a implantação do projeto e o combatia com toda a sorte de rasteiras. A terra, o clima, a fauna, os nativos, tudo parecia estar contra o Jari. Uma das áreas do projeto que mais me impressionava era o arrozal. Uma área extensa, eu diria enorme, magnificamente plantada. Era o maior arrozal do mundo em terras contínuas. Cabia nele uma Bélgica. Seria tudo perfeito se não houvesse a tal maldição amazônica. Os passarinhos, vale repetir, vinham em revoada, aos milhões, e comiam as sementes. Para espantá-los, depois de várias tentativas, instalou-se uma bateria de espingardas, que disparavam tiros em sequência. As aves, mais espertas, se acostumaram com os tiros e o barulho, e subiam e baixavam novamente, continuando a bicar a plantação. E projeto do arrozal foi sendo dizimado pela passarada.

—▪—

EM UMA DE MINHAS VISITAS ao projeto, constatei, mais uma vez, o ambiente de animosidade que existia em relação ao Jari. O almirante Gama e Silva saltou de uma corveta (ele permanecia 15 dias por mês na região) e veio andando em minha direção. Com um tom imperial de voz, queria tomar satisfações sobre a presença do empresário norte-americano no projeto. Para o almirante, tudo que tivesse a ver com Ludwig era uma afronta. Ele perguntou-me: "Dr. Quintella, o senhor pode imaginar que eu precise de licença para colocar um helicóptero na pista do Jari? Não há cabimento! Aqui é território brasileiro. Sou um almirante com responsabilidades nesta região e, para descer na pista deste local, tenho que pedir autorização!". "Tinha, não tem mais. A partir de hoje, o senhor assume o aeroporto", afirmei categórico. E assim foi feito. Baixei uma circular interna, informando que a base do Jari passaria ao comando da Marinha. E qualquer avião que chegasse deveria solicitar permissão a ela e não a nós. Inverti a situação para que conquistássemos, junto ao governo, o mínimo de diálogo. Portanto, logo de início estendi a bandeira da paz.

Se Daniel Ludwig e seus diretores americanos tivessem demonstrado atitudes mais conciliadoras e afáveis, talvez o ambiente não houvesse se deteriorado tanto. Porém, inflexíveis, tratavam sem a mínima sensibilidade para negociação um latifúndio seis vezes maior que um país como Luxemburgo. Era como se aquele imenso pedaço da Amazônia não passasse de uma mera fazenda particular. O fato é que Ludwig – que já não era mais dono do negócio, mas havia sido comunicado da mudança de rota por seu pessoal – não gostou nada da minha invenção. Nem o dr. Antunes. Eram autoritários tanto os de lá quanto os de cá. Mesmo assim, na condição de presidente do Jari, tomei as providências necessárias à consecução do prometido ao almirante.

Dois meses depois, fui a Nova York para uma visita de pura cortesia a Daniel Ludwig – o magnata já então com mais de 85 anos de idade, com quem não mantinha relacionamento pessoal nem financeiro. Eu reconhecia que ele, ao fim e ao cabo, tinha não só gasto contêineres de dólares no projeto como sido prejudicado pelo governo brasileiro, que nunca lhe prestou o mais remoto apoio. Pelo contrário. O Brasil tinha muito a ganhar se os governantes tivessem sido mais colaborativos com o empresário norte-americano. Foi a primeira e única vez que o vi. Lembro-me como se fosse hoje. O *big boss* estava sentado atrás de uma mesa, num escritório imponente de onde comandava seu império, e eu só o enxergava até a altura do pescoço. De repente, no meio da conversa, olhando com mais acuro, revelou-se a cena insólita. Percebi que ele se encontrava imerso numa espécie de banheira de água quente – vestido com formalidade da cintura para cima –, tão atormentado se via por terríveis dores na coluna. A mesa, até acima da cintura, não deixava ver a banheira onde ele se recostava. Ele mesmo explicou sua situação. Deviam ser dores tremendas.

Segui tocando o barco da companhia, agora dentro de novos padrões brasileiros, visando à produção de celulose. A ideia do mega-arrozal ficara para trás. Nós também não conseguimos autorização para executar a tal hidrelétrica que baixaria muito os custos do empreendimento. O Jari era movido a uma térmica a óleo, cujo *quilowatt* atingia um preço elevadíssimo. Somente muitos anos depois a usina seria finalmente construída. Mas meu tempo de cumprimento dos deveres já estava esgotado. Azevedo Antunes era muito ligado ao embaixador Edmundo Barbosa da Silva, diretor da Caemi. Resolvi então conversar com o ilustre diplomata, uma pessoa de finíssimo trato, na intenção de relatar os problemas que vínhamos enfrentando na Montreal em relação à famigerada Lei da Informática. Expliquei que precisava de mais tempo para administrar a nova situação, determinante quanto ao uso de computadores fabricados aqui, sobre os quais incidiriam uma pesada carga tributária (foi quando adquirimos a parte majoritária das ações da International Engineering). E, nesse cenário, pedi-lhe ajuda para sair do Jari. Ele então transmitiu o quadro ao chefe. Antunes concordou com minha dupla saída – igualmente do Conselho da Caemi, do qual fazia parte havia cinco anos –, e procedemos à passagem do cargo ao próprio embaixador que, mesmo não apresentando uma grande experiência executiva, permaneceu na presidência por alguns anos.

24. Antunes

O empresário Augusto Trajano de Azevedo Antunes não tem similar nos dias de hoje. Pertence a uma estirpe de *entrepreneurs* desbravadora que repetiu o feito dos bandeirantes na interiorização de projetos da indústria. Austero, corajoso, preparado, vetusto, majestático, estava permanentemente preocupado com a situação econômica e institucional do Brasil. Era um empresário "conservador-modernizante", mas com tal presença que mesmo outros destacados dirigentes se sentiam intimidados em sua presença. Dr. Antunes era um *self made man*. Não nascera em berço esplêndido. Tinha feito seus estudos com esforços próprios, concluindo o bacharelado de engenharia pedra por pedra. Levantou seu império calçando botas e pisando em mato fechado. Foi buscar jazidas nos rincões do país.

Encontrada a riqueza no solo pátrio, partia em direção ao exterior para buscar os recursos necessários à extração do minério. Fez porto, ponte, ferrovia, mina em lugares tão distantes quanto o Amapá, nos anos 1940. Foi graças a essa determinação férrea e temperamento rigoroso que se tornou uma lenda da iniciativa privada. Constituiu a Companhia Auxiliar de Mineração (Caemi), controladora de uma coleção de empresas, entre as quais a Icomi, Minerações Brasileiras Reunidas (MBR), Aços Anhanguera, Bruynzeel Madeiras S.A. (Brumasa), Amapá Florestas e Celulose S.A. (Amcel), Companhia Swift-Armour, Veredas de Minas Agropecuária S.A. (Veragro), além da Caemi Internacional (Caemint), com escritórios em Nova York, Londres, Haia, Gênova, Bilbao, Vaduz e Bruxelas.

Dr. Antunes sofreu como poucos empresários a perseguição de um nacionalismo retrógrado, que insistiu em rotulá-lo como entreguista ou, conforme o rótulo da época, em "testa de ferro". Isso porque ele tinha firmado *joint ventures* com empresas norte-americanas como a Bethlehem Steel e a Hanna Mining. Ele era o acionista majoritário em todas as empresas, mas isso não bastava. O país estava cego pelo antiamericanismo, na verdade pela aversão ao capital estrangeiro. Portanto, qualquer proximidade com o dinheiro externo era um convite ao estigma. Lembro que somente o empresário Antônio Gallotti, dirigente da Light, pertencente ao grupo canadense Brascan, sofria ataques tão violentos quanto o dono da Caemi. Mas Gallotti também tinha a têmpera de aço. Dr. Antunes havia sido o responsável pelo primeiro projeto de porte bem-sucedido na Amazônia desde o final do ciclo da borracha, em princípios do século XX, e que se tornaria a quarta maior mineradora do mundo. Sua presença tornava mágico o clima das reuniões. Sentava-se na cabeceira, e do alto da sua majestade comandava os trabalhos com poucas palavras e gestos contidos.

Para que se tenha uma ideia do estilo Antunes de ser, quando ele chegava à empresa nenhum dos funcionários podia estar no corredor. E mais: enquanto estivesse na empresa, também nenhum dos empregados poderia estar fora das suas salas. Com dr. Antunes presente, a companhia se assemelhava àquelas cidades do faroeste:

inteiramente vazias. Todos trabalhando calados em suas mesas, sem levantar em um momento sequer. Era duro, mas generoso. Pagava salários altos e buscava os melhores quadros disponíveis no mercado.

Gostava de ter na sua folha de trabalho embaixadores, engenheiros e militares. Tinha a maior admiração do mundo por Eliezer Batista, construtor de uma das suas mais bem-sucedidas companhias, a Minerações Brasileiras Reunidas, que em determinado tempo chegou a rivalizar com a Vale do Rio Doce, também obra de Eliezer. Uma cena clássica durante o regime militar era ver os três empresários, Azevedo Antunes, Roberto Marinho e Amador Aguiar (do Bradesco) representando o que havia de mais emblemático no poder empresarial, subindo as escadas do Palácio do Planalto para cumprimentar o presidente da República no primeiro dia do ano.

Agnóstico, Antunes abatera-se intensamente com a morte de um dos filhos, César, seu sucessor natural, em 1970. E acabou estabelecendo comigo uma relação quase paterna. Da minha parte, que perdi meu pai muito cedo, retribuía com um sentimento muito especial.

Absolutamente irrepreensível como pessoa, grande retidão de caráter, incapaz de uma atitude incorreta, era bastante centralizador no campo profissional. Um belo dia, à imagem do que costumava fazer com todos à sua volta – que o temiam e reverenciavam –, começou a ditar-me uma série de orientações para a condução do Jari. Ante o desfiar daquele rosário de instruções, eu, com 40 e poucos anos, contra os 70 e tantos dele, ousei enfrentá-lo: "Dr. Antunes, vamos combinar uma coisa. O senhor diz *o que*, e *o como* é comigo. Porque o senhor me enquadrar nas duas coisas não vai dar certo de jeito nenhum. E o senhor, como o principal sócio, tem direito de não querer o meu estilo na presidência do Jari". Ele, extremamente austero, estava agindo exatamente igual ao que fazia na Caemi. Só que eu não era uma pessoa que funcionasse debaixo do chicote. O dr. Antunes engoliu, de mau grado, mas não gostou nada do meu comportamento. Foi o único episódio litigante, por assim dizer, que vivenciamos juntos. Por admirá-lo e não desejar comprar uma briga desnecessária, tendo em vista seu temperamento, achei que chegara o momento de largar, após menos de dois anos no posto, o manche do projeto.

Em tempo: quando deixei o Jari, não ficou um só americano remanescente da equipe de Daniel Ludwig – que faleceu em 1992, aos 95 anos – na Amazônia. Muitos deles, que assistiram ao nascimento do projeto, ajudando a construí-lo ao lado de suas famílias, fizeram despedidas emocionadas. O megaempreendimento, no entanto, ao contrário da ambiciosa aventura de Henry Ford na selva amazônica, não redundou em ruína. Como o grupo de 23 empresários, Antunes à frente, também não encontrasse um equilíbrio para os acentuados problemas que assolavam o Jari, o BNDES entrou de novo em ação. Em 2000, após dois anos de negociação, transferiu os ativos então existentes ao grupo Orsa, que assumiu o compromisso de quitar as dívidas junto aos credores e administrar os passivos socioeconômicos e ambientais da região. A partir de então, a Jari Celulose S.A. mostrou não só sua viabilidade financeira como o manejo sustentável do ecossistema, recebendo, quatro anos depois, a certificação do Forest Stewardship Council, respeitada organização não governamental (ONG) com sede na Alemanha, que atesta a adoção de boas práticas de gestão de florestas.

Ao me afastar do conselho da Caemi, por absoluta falta de tempo para me dedicar aos assuntos da minha companhia, também se distanciou a minha relação pessoal com Azevedo Antunes. Ele, contudo, a despeito da postura extremamente formal, presenteava-‑me com dedicatórias afetuosas em livros e cartões. Já não era mais seu "quase filho", conforme cheguei a me sentir. Mas continuei a ter intimidade para frequentar o apartamento em que residia com a mulher, Sílvia, no Parque Guinle, em Laranjeiras (Rio de Janeiro) – confortável, claro, embora bastante simples para quem possuía tamanho império financeiro. Morreu de ataque cardíaco, em 1996, aos 89 anos. Dois de seus seis netos – os irmãos Guilherme e Mário Frering (filhos de Beatriz), que na partilha dos bens do avô ficaram como controladores da Caemi – venderiam a mineradora, em 2001, à Vale do Rio Doce. Foi o fim de uma saga.

25. ABNT

Logo após a passagem pela presidência do Jari, quando me encontrava imerso nas minhas atividades empresariais, fui surpreendido por um convite inusitado. Estávamos no governo do presidente João Baptista Figueiredo. O então ministro da Indústria e Comércio, Camilo Penna, e o físico José Israel Vargas me visitaram. Tinha relacionamento com ambos, mas a formalidade com que a reunião foi agendada me despertou curiosidade. Dito e feito. Os dois vieram perguntar-me se eu aceitaria presidir a Associação Brasileira de Normas Técnicas (ABNT). Fiquei surpreso. Nessa época, a entidade atravessava um período de descrédito, servindo mais aos industriais do que propriamente ao interesse geral em termos de certificação e normatização. Além disso, não dispunha de recursos em caixa.

Aceitar ou não aceitar não era somente a questão. A ABNT representava um conjunto de sócios no Brasil inteiro. Camilo e Vargas não estavam sugerindo minha nomeação, o que nem seria cabível. E, sim, me chamando para mais uma empreitada de interesse público – e enorme potencial de contrariedades. "Não podemos garantir-lhe como candidato único na eleição. Asseguramos o apoio, mas você precisará conquistar os votos", disseram. Tenho uma tendência terrível a não resistir a desafios. Iniciei, assim, a campanha por várias capitais brasileiras, convencendo o eleitorado de que a instituição necessitava passar por uma ampla reconstrução em novas bases, para readquirir verbas, prestígio e voltar a cumprir suas funções com excelência. Deu certo. Fui eleito presidente da ABNT em 1981.

Camilo Penna e Israel Vargas me levaram, então, para uma conversa com o general Figueiredo no Palácio do Planalto. O ministro começou a explicar em detalhes o papel da ABNT. Figueiredo rodava um anel enorme no dedo e batucava na mesa, visivelmente irritado. Aquele assunto não o interessava, fazia questão de demonstrar. O presidente foi ficando cada vez mais incomodado – agora com Israel explanando –, não via a hora de encerrar a audiência. "O dr. Quintella também vai falar sobre a entidade", anunciaram. Eu, sentindo a alta voltagem do ambiente, declinei de imediato. Aleguei que tudo já fora explicado e que a única coisa que eu poderia fazer seria me colocar à disposição quando o presidente precisasse. Ele disse: "O senhor acabou? Pois então está ótimo".

Ato contínuo, Figueiredo tocou uma campainha. Entrou no gabinete um oficial todo empertigado. "Traz a cartolina". Era uma cena digna dos filmes cômicos do cineasta francês Jacques Tati. O general abriu a folha e perguntou ao Camilo: "O senhor é engenheiro, não?". "Sim, senhor presidente", respondeu o ministro. E para Israel: "O senhor também?". "Não, senhor presidente. Sou físico". O presidente, virando-se na minha direção: "E o senhor?". Ante a resposta afirmativa, disparou, para nossa perplexidade: "Vamos ver então se os senhores sabem matemática". E começou a escrever equações na cartolina para resolvermos, inspiradas nos problemas do então, ainda em voga, professor Júlio Cesar de Mello e Souza, mais conhecido como Malba Tahan. Nesse meio tempo, entrou outro oficial de gabinete: "Presidente, o ministro-chefe do Estado-Maior da Marinha está lá fora". Figueiredo: "Manda esperar e diz que estou ocupado". E ficamos uma boa meia hora solucionando as intrincadas questões de cálculo. Surreal!

A conclusão positiva é que conseguimos reconstruir a ABNT, a partir de uma verba liberada pelo vice-presidente Aureliano Chaves, muito meu amigo e a quem pedi apoio, logo após a eleição. Atualizamos arquivos, que estavam inteiramente defasados, e efetivamos um corpo de funcionários – acabando com o sistema de favores para indicação de pessoal e influência política para a regulação, que seguia a vontade da indústria e não critérios técnicos rigorosos. Também adotamos reuniões de comitês para aprovação das normas, criando uma estrutura que protegia a instituição dos interesses particulares. A entidade estava sendo "capturada", como se diz na linguagem da ciência política. Evitamos, assim, que a ABNT caísse em uma perigosa rede detentora do poder sobre instruções normativas, beneficiando A, B ou C. Fiquei na presidência por dois anos. Acredito firmemente que cumpri minha missão.

— ▪ —

AINDA NO GOVERNO do general Figueiredo, em meio à correria do meu trabalho na ABNT, recebi um telefonema do general Otávio Medeiros, chefe do Serviço Nacional de Informações (SNI). Ele pedia que eu fosse conhecer a agência. Estranhei, mas logo supus que deveria ser algo associado à minha função. O general Newton Cruz foi o meu cicerone. Era um prédio imenso em Brasília, onde ocorriam cenas muito esquisitas: numa roda, todos estavam dialogando em russo; em outra, japonês; mais adiante, só se falava chinês. Após percorrer as dependências, fui conversar com o general Medeiros, que me fez um apelo – levar a Internacional de Engenharia (Iesa) para o Iraque, onde a Mendes Júnior já estava executando obras.

De volta ao Rio de Janeiro, sentei com meus sócios, Derek Parker e Thomaz Magalhães, e expliquei a situação. O pedido do general Medeiros, como aliás costuma ser o estilo dos oficiais militares, foi incisivo. Eu disse: "Precisamos pular fora disso, porque se ocorrer algum embrulho, não teremos nenhuma garantia lá nas lonjuras do Oriente Médio". Era uma empreitada de altíssimo risco, com grande probabilidade de dar errado. Sugeri a Parker e Magalhães: "Vamos fingir que estamos interessados, nos preparando – e até despachar uma equipe técnica a Bagdá –, como forma de ganhar tempo". E assim fizemos. Conforme tínhamos previsto, a demanda foi esfriando e o assunto morreu. Sorte a nossa não termos nos metido naquela enrascada. A Petrobras, por exemplo, que descobriu a maior zona de óleo do Iraque na época, foi "confiscada" pelo presidente Saddam Hussein, que devolveu à companhia o custo da obra, mas não o valor do negócio. Perderam-se ali bilhões e bilhões de dólares.

A Mendes Júnior, que era a primeira do *ranking* da construção pesada, teve de cancelar todas as suas obras quando o Iraque entrou em guerra contra o Irã. A empreiteira abandonou nas plantas os equipamentos de terraplenagem e nunca recebeu indenização, nem de Saddam, nem do governo brasileiro – que incentivava a venda de serviços de engenharia para o Oriente em razão do desequilíbrio na balança comercial. Importávamos muito petróleo do

Iraque. Mas aconteceu exatamente o que eu previra. A aventura das empresas brasileiras naquele país não deixou boas recordações. No nosso caso, é verdade, o prejuízo teria sido em escala bem menor, porque não operávamos com máquinas e equipamentos. Mas Murilo Mendes, dono da Mendes Júnior, me contou sua estimativa quanto à dívida da União com ele: nada menos que US$ 250 bilhões! Eu até brinquei: "Murilo, deixa por US$ 5 bilhões que já está de bom tamanho. Do total você não verá a cor nunca".

26. Simonsen

Mário Henrique Simonsen nasceu a 19 de fevereiro de 1935, e eu, dois dias depois. Era o que efetivamente se chama de gênio – tipo de superdotado que nasce um a cada 200 anos. Se morasse no exterior, é bem provável que fosse candidato a ganhar o prêmio Nobel. Além de excelente matemático, era profundamente culto, diria até que enciclopédico, e muito agradável no convívio pessoal. Poderia estar até hoje nos encantando com sua inteligência privilegiada.

No entanto, Simonsen gastava sua máquina em demasia. Fumava como uma chaminé. Ele acendia um cigarro atrás do outro e, sem sentir, levava por engano o giz à boca, enquanto ministrava uma de suas concorridas aulas. Eu o conheci no início da década de 1960, em razão das relações da Montreal com a Sociedade Civil de Planejamento e Consultas Técnicas (Consultec), organização de estudos econômico-financeiros fundada por Jorge de Melo Flores, Mário da Silva Pinto e Roberto Campos, na qual Simonsen participava como analista de projetos. À época, nos encontrávamos também porque a Montreal havia criado internamente uma "Consultec" – a Montreal Organização e Planejamento (Montor), uma consultoria voltada tanto para o setor público quanto para o privado. A Montor era tocada por dois grandes engenheiros: Ary Marques Jones e Geraldo José Lins, este último muito amigo de Simonsen e que viria a ser um dos fundadores da Escola de Administração da Fundação Getulio Vargas de São Paulo.

Simonsen e eu fomos também colegas de turma na Faculdade de Economia e Finanças do Rio de Janeiro (FEA), na praça da República, Centro do Rio. Eu já era engenheiro – e Mário também, só que ele era um economista de peso, mas ainda sem diploma. Divertia-se muito ao colocar os professores em situações constrangedoras, apresentando questões dificílimas para deixar os pobres mestres embatucados, pois seu conhecimento era infinitamente superior ao deles – nessa época, já atuava como professor e consultor do Instituto Brasileiro de Economia (Ibre) da FGV. De olho apenas no diploma, que afinal trouxemos para casa em 1964, não dávamos muita bola para aquelas aulas noturnas.

Estivemos bem próximos ainda quando abrimos a empresa de logística de equipamentos Bozano Simonsen-Montreal – ele era vice-presidente do Banco Bozano Simonsen. Nascido em família de classe média alta da sociedade carioca –, Simonsen costumava brincar que ficara rico por mero acaso, quando Júlio Bozano, seu amigo desde a infância, o chamou para sócio minoritário da instituição financeira. Tinha uma participação no banco.

No início da década de 1960, criou o primeiro índice de cotação de ações da Bolsa de Valores do Rio de Janeiro. Sua presença efetiva no governo federal começou durante o governo do general Emílio Garrastazu Médici, como presidente do Movimento Brasileiro de Alfabetização (Mobral), que previa a erradicação do analfabetismo entre a população adulta em 10 anos – mais tarde, ele faria a autocrítica de ter superestimado a eficácia do projeto. Em seguida, no governo do general Geisel, sucedeu a Delfim Netto na cadeira de ministro da Fazenda; e, a partir de 1979, no mandato do general João Baptista Figueiredo, a João Paulo dos Reis Veloso, na pasta do Planejamento. Simonsen abandonou o governo por discordar dos rumos da política econômica. Voltou para o Rio e assumiu a direção da Escola de Pós-Graduação em Economia (EPGE) da Fundação Getulio Vargas.

Vascaíno roxo, Mário Henrique era também aficionado por ópera, tendo assinado, na década de 1980, uma coluna em que fazia crítica de música erudita para a revista *Veja*. O "mago de sua profissão", conforme o *Jornal do Brasil* definira um dos maiores economistas do país em caderno especial, teria ainda muito a contribuir para o Brasil. Infelizmente, o câncer o levaria em 9 de fevereiro de 1997, 10 dias antes, portanto, de completar 62 anos. Em sua homenagem, a biblioteca da FGV – entidade hoje presidida por seu sobrinho Carlos Ivan Simonsen Leal – recebeu o nome de Mário Henrique Simonsen. Pretendemos e devemos homenagear muito mais o ex-ministro, professor, o mais ilustre economista do Brasil e meu amigo pessoal.

27. Vocação

Acho que a política sempre correu no meu sangue. Não a política rasteira, do voto comprado, das ações em causa própria, do descompromisso com as promessas, do corporativismo e do descaso com a coisa pública. O meu encanto sempre foi com a ciência da organização, da direção e administração da cidade-Estado, da sociedade, da comunidade, entre outras definições referentes à vida em coletivo. A empresa privada não deixa também de constituir um espaço para a prática política. Em cada cargo de direção há a gestão de um microcosmo de interesses e, apesar de os colaboradores não terem direito a voto, precisam ser enxergados como eleitores, já que sua produtividade depende de um conjunto de articulações sociais em conexão com o modo de fazer política.

Tem se usado a comparação, muitas vezes por um viés negativo, entre o político e o gestor. A meu ver, não há predominância de uma ou outra categoria: as duas se misturam. O bom político é um gestor do bem público e do universo de ações indispensáveis para que se atendam à demanda do seu eleitor e o interesse maior da nação. Penso na política conforme o conceito grego, do termo *politikê*, tão usado pelo meu amigo

Eliezer Batista, que estende as relações em geral, e não da *politikós*, que trata dos cidadãos e da *polis*, ou mais precisamente do que gira em torno da cidade-Estado.

A política se espraia por todas as formas de organizações sociais. Fiz política estudantil, política empresarial, política enquanto funcionário de governo, política como membro de diversos conselhos consultivos, política participando de campanhas eleitorais e, por muito pouco, quase fiz política profissional, atuando como parlamentar – um capítulo que contarei mais à frente. Brinco que, quando não mais fizer *politiké*, estarei incapacitado ou morto. Sou um engenheiro-administrador-político. E nunca tive dúvida dessa minha inclinação pessoal.

Conheci todos os presidentes da República desde Juscelino Kubitschek. No início, alguns acessos foram obra da fortuna. Simplesmente, eles surgiram à minha frente, a exemplo do caso de JK. Mas busquei sempre os contatos políticos e conhecer mais proximamente os mandatários da nação. Depois, com o ingresso no empreendimento de obras públicas, minha função de empresário entrelaçou-se com a missão e os objetivos dos governantes. Meu sucesso como contratado era razão do sucesso do meu contratante, o político da circunstância. Os empresários do setor de engenharia e construção pesada devem fazer política com todas as instâncias: municipal, estadual e federal. O bem-estar da população depende da perfeita combinação de cronogramas, projetos e competências.

Durante todo esse período, participei de ações empresariais em associações do ramo. Faz-se política o tempo inteiro nas federações, confederações e entidades congêneres, porque, invariavelmente, além dos objetivos permanentes, essas organizações devem pretender dar uma contribuição à melhoria do ambiente coletivo e ao desenvolvimento. Participei de diversos debates, seminários, foros, simpósios, nos quais produzimos planos de governo com sugestões voltadas a propor um norte para a condução da coisa pública. A política está nessa interação com as entidades corporativas, os parlamentares e o governo, além da imprensa e outras organizações da sociedade civil. Inúmeras medidas adotadas, assim como a espinha dorsal de muitas políticas de governo, emergiram dessa articulação empresarial. Isso é política com "P" maiúsculo. Assim, integrei o grupo formado por Tancredo Neves para ajudá-lo na transição de governo. Participei da Comissão Afonso Arinos para elaborar a minuta de Constituição que seria formulada entre 1987 e 1988.

—▪—

NO ALVORECER DE 1984, último ano do governo João Figueiredo, as lideranças do PDS estavam imersas no processo sucessório. Os postulantes à vaga presidencial brotavam tanto do meio militar quanto civil, explicitando a falta de consenso ao redor da questão. As alternativas da situação se concentraram nos nomes de Aureliano Chaves, Mário Andreazza, Marco Maciel e Paulo Maluf. Como candidato a candidato na convenção do PDS, Aureliano (de quem me aproximei muito, por meio do general Meira Mattos, amigo de nós dois) se apresentava à revelia da preferência de Figueiredo. Sua credencial de vice-presidente e o fato de ser originário de um estado com a representação político-econômica do peso de Minas Gerais eram inegáveis trunfos. Sem falar que tinha o beneplácito do ex-presidente Ernesto Geisel. O general passara a admirá-lo desde os anos 1970, quando Geisel comandava a Petrobras e Aureliano presidia a Comissão de Minas e Energia da Câmara dos Deputados. A afinidade substantiva entre ambos, da prática técnica e administrativa à absoluta integridade pessoal, levou Geisel, então presidente da República, a indicar o companheiro de trabalho para o governo de Minas e, depois, para vice-presidente na gestão do presidente João Baptista Figueiredo. Já o coronel gaúcho Andreazza, além de militar da reserva, era apoiado por seus pares no Ministério de Figueiredo, onde comandava a pasta do Interior. O próprio João Figueiredo havia assumido abertamente sua candidatura. O pernambucano Marco Maciel contava com a simpatia do PDS do Nordeste. E Maluf apostava na sua base política em São Paulo, além do apoio sempre sinuoso do general Golbery do Couto e Silva.

Na ponta inversa, as forças oposicionistas se movimentavam no intuito de restabelecer a eleição direta para presidente da República, uma bandeira que fora levantada pelo senador Teotônio Vilela, inicialmente em uma entrevista ao programa *Canal Livre*, da TV Bandeirantes, em outubro de 1982. A morte do "Cavaleiro da Esperança", como se eternizaria o senador alagoano, em novembro do ano seguinte, radicalizou o processo. A chamada Campanha das Diretas Já – que elegeu como símbolo a emenda do deputado Dante de Oliveira, a qual propunha eleições presidenciais livres – transformou-se num comitê suprapartidário, mobilizando o país em inflamados comícios nos primeiros meses de 1984.

Em fevereiro, já intimidados pelo rolo compressor das ruas, alguns integrantes do PDS, temendo perder o bonde e deixar que a campanha fosse exibida como um troféu da oposição aos olhos da opinião pública, formaram um grupo em prol das diretas. Durante uma das vacâncias de João Figueiredo na cadeira do Planalto, o interino Aureliano Chaves empenhou-se pessoalmente nas tratativas para a aprovação no Congresso da emenda que restabelecia as eleições diretas para presidente em 1988. O empenho de Aureliano foi tanto que se dispôs a dialogar, dentro do Palácio do Planalto, com o dr. Ulysses Guimarães. Imaginou-se que ele tinha o aval do presidente Geisel, que havia se tornado desafeto figadal de Ulysses, que o comparara ao ditador africano Idi Amin Dada. O Aureliano não tomaria aquela atitude sem conversar com o ex-presidente da República. Por outra, Figueiredo, que também detestava Ulysses, tomou um coice no coração ao ver o deputado subir a rampa do Palácio do Planalto. A contemporização entre os adversários foi recebida como uma traição imperdoável. Figueiredo encheu-se de ressentimento pelo fato de que a "rasteira" tinha sido dada enquanto ele estava com as coronárias recém-operadas numa cirurgia para colocação de pontes de safena em Cleveland, nos Estados Unidos. Ele, que já não gostava de Aureliano, agora menos ainda.

Diante da derrota da emenda Dante de Oliveira no Congresso, em 25 de abril, pela abstenção de 112 parlamentares, e da condição de inferioridade no confronto de forças com os setores reacionários e agora também amorais do partido situacionista, os dissidentes do PDS decidiram avançar contra a ordem vigente. Reconhecendo naquele momento político um *point of no return*, Aureliano e Marco Maciel retiraram suas candidaturas e, ao lado de José Sarney, anunciaram a criação da chamada Frente Liberal do PDS, um guarda-chuva para acolher a cada vez mais robusta corrente antimalufista. No começo de julho, a FL rompeu em definitivo com o governo e passou a movimentar suas peças no tabuleiro do Congresso assumidamente como um bloco parlamentar independente.

No dia 14 de julho de 1984, quando os franceses celebravam 195 anos da queda da Bastilha, um grupo de brasileiros ilustres e com responsabilidade junto à nação também tinha seus motivos para comemorar. Foi então assinado, no Palácio Jaburu, sede da vice-presidência da República, o pacto formando a Aliança Democrática entre as lideranças da FL – que se converteria no Partido da Frente Liberal (PFL) em janeiro de 1985. O objetivo era turbinar a candidatura de Tancredo Neves ao Planalto. As negociações do acordo com Aureliano Chaves, Marco Maciel, Sarney e outros parlamentares envolveram um programa mínimo comum, preconizando uma ampla reforma constitucional, extinção dos decretos-leis e encurtamento do mandato do próximo presidente de seis para quatro anos, entre outros tópicos.

O PMDB, por meio de seus governadores, declarou apoio ao nome de Tancredo Neves no Colégio Eleitoral – ele, então, renunciaria ao comando estadual de Minas, lançando-se em campanha com a chancela da Frente Liberal. Naquela altura do campeonato, à proporção que os comícios pró-Tancredo se disseminavam país afora, as defecções na esfera governista também cresciam exponencialmente. Logo, José Sarney, ex-presidente do PDS, se tornaria vice na chapa oposicionista como representante da FL, que ganharia ainda mais força ante a derrota de Andreazza para Maluf na convenção do PDS, em agosto. A candidatura de Tancredo, pois, estava pronta para vencer Paulo Maluf e as forças retrógadas no Colégio Eleitoral. A 15 de janeiro de 1985, o mineiro de São João del-Rei carimbava seu passaporte rumo ao Palácio do Planalto.

—▪—

POR INTERMÉDIO DE Aureliano Chaves, fui apresentado formalmente a Tancredo Neves. Mesmo de partidos diferentes, o “mineiro oposicionista" precisava do "mineiro da situação", no sentido de atrair a parte da bancada do PFL – que não era pequena – vinculada ao conterrâneo. Tancredo simpatizou de cara comigo e convidou João Pedro Gouvêa Vieira, José Hugo Castelo Branco e a mim para captar os recursos destinados ao financiamento de sua campanha. O receio da iniciativa privada de que Paulo Maluf viesse a tornar-se o novo presidente da República provocou, então, uma corrida espetacular ao nosso *bunker*.

Em condições normais, são os representantes dos políticos que vão aos empresários pedir apoio para as campanhas eleitorais. Pois aconteceu um processo inverso: o empresariado é que nos procurava. Recebíamos telefonemas de tudo que era lugar com ofertas para ajudar a eleger Tancredo, que nunca se envolveu pessoalmente em questões de dinheiro. Na realidade, em vez de passarmos o chapéu entre os empresários, viramos meros arrecadadores de doações espontâneas, tão temerosos estavam eles de ver Paulo Maluf aboletado no poder central. Curioso é que Maluf também vestia a capa de empresário: ele era um dos donos da Eucatex, empresa produtora de compensados e revestimentos de madeira.

Os rios de dinheiro corriam para materiais e peças de divulgação, aluguel de jatinhos e jantares mil! A propósito, a sobra de campanha, em valores de hoje, equivaleria a algo na faixa de US$ 10 milhões. E foi entregue ao futuro chefe da Casa Civil, José Hugo Castelo Branco, que a encaminhou ao governador de Minas, o peemedebista Hélio Garcia. Não se sabe ao certo onde aquele dinheiro parou, conforme observa Plínio Fraga na sua biografia de Tancredo, *O príncipe civil*.

Tancredo Neves, durante os comícios, defendia enfaticamente as "diretas já". Nos bastidores, porém, bombardeava a ideia. Sabia perfeitamente que, se houvesse eleições diretas, o candidato do PMDB seria Ulysses Guimarães, e não ele. Consciente de representar um nome de consenso e sem restrições no ambiente político, Tancredo sempre soube que tinha esse papel a desempenhar. Na realidade, tinha claro que a abertura correria o risco de ir por água abaixo se o processo não fosse conduzido com cuidados e sem uma etapa preparatória. Naquele momento, as diretas enfiadas goela abaixo do regime poderiam colocar tudo a perder. O maior predicado de Tancredo era a prudência.

28. Infortúnio

"Preciso sair porque o Tancredo foi para o hospital", disse no meu ouvido o coronel Vinícius, chefe de gabinete de Aureliano Chaves, ainda vice do presidente João Figueiredo, durante jantar com um grupo grande em Brasília. No dia de sua internação, 14 de março de 1985 – que inauguraria o calvário no Hospital de Base de Brasília para uma cirurgia de emergência da qual não saiu vivo – Tancredo Neves, ainda na Granja do Torto, me perguntou: "Quintella, que função você quer no governo?". Respondi: "Não quero emprego em órgão público, porque tenho meus negócios. Atuei como captador de recursos na sua campanha por acreditar que o senhor é a pessoa certa". Ele insistiu: "Peça-me alguma coisa pelo que fez". "Então o senhor me indique como membro do Conselho Monetário Nacional (CMN)", respondi. Nesse momento, Tancredo chamou sua secretária pessoal, a onipresente d. Antônia, e determinou: "Anote aí. Sergio Quintella tem que ser nomeado para o CMN".

Parênteses: d. Antônia, após o falecimento de Tancredo Neves, foi responsável pela guarda dos documentos de todo o ministério, assim como da grande maioria dos principais cargos de primeiro e segundo escalões do governo. Ela era a única guardiã da lista na qual estavam anotados os nomes escolhidos pelo presidente. Repassou-a, então, ao sucessor, José Sarney, que cumpriu à risca os desejos de Tancredo que, precavido, além de relacionar nomes e mais nomes – inclusive o meu –, já havia assinado os termos de posse de todos os seus ministros. Estava sentindo fortes dores e tinha muito medo de ser operado e, daí, sobrevir um golpe de Estado. Porém, a imprudência quanto à protelação da cirurgia e os erros médicos acabaram por levá-lo à morte, cinco semanas depois. Não chegaria, portanto, a transpassar no peito a faixa presidencial.

Aureliano desempenhara um papel decisivo na escolha de José Sarney para vice-presidente, dobrando as resistências da própria Frente Liberal, do PMDB e, por que não dizer, até do filho dileto de São João del-Rei. Aureliano cultivava com carinho um ativo político que, naquela época, tinha peso decisivo no desenrolar dos fatos: a estreita relação com o presidente Geisel. O ex-presidente certamente dava seus conselhos e mexia os pauzinhos nos bastidores. Mas sua autoridade pública era tão imensa que a anuência de Geisel ainda guardava uma dimensão soberana na República.

Na década de 1980, a Montreal estava bastante envolvida no setor elétrico, construindo linhas de transmissão e usinas Brasil afora. Com Aureliano Chaves no Ministério de Minas e Energia, nossas relações se estreitaram, a ponto de um frequentar a casa do outro. Ele era muito bem casado com d. Minervina, ou d. Vivi, com quem teve três filhos. Continuamos amigos, mesmo depois de ele deixar o ministério, em 1988. Sempre tive grande admiração por ele, um monólito de integridade. Um homem definitivamente sério. Tínhamos em comum a forma rigorosa de tratar os assuntos e cumprir as missões, além das afinidades profissionais, pois éramos ambos engenheiros. Minha contribuição como prestador de serviços ao governo e a confiança de Aureliano fizeram com que eu fosse me soltando mais no anfiteatro da grande política nacional, quer fosse opinando ou aproximando personagens, quer colaborando com algum parecer técnico etc.

Com o passar do tempo, Aureliano Chaves foi se distanciando do exercício dos cargos políticos. Carregou consigo uma mágoa muito grande. Foi sempre digno, honesto e não merecia ser traído da forma como foi pela maioria do PDS e, em especial, pelo presidente Figueiredo, que trabalhou diuturnamente contra sua candidatura à Presidência da República. Era consenso, inclusive entre parcela das oposições, que ele seria o nome mais capacitado para fazer uma abertura democrática segura, contendo eventuais arroubos radicais dos saudosos pelo regime que findava. Embora passando a dedicar-se mais à fazenda de 80 hectares que tinha em Três Pontas, sua cidade natal, voltada para a criação de gado leiteiro e para o cultivo cafeeiro, Aureliano nunca se afastou totalmente dos bastidores políticos. Em 1999, foi convidado pelo ex-presidente Itamar Franco, então recém-empossado no governo de Minas, para integrar a Cemig, a companhia energética do estado. Mantivemos um fraterno contato até seu falecimento, em 2003, em Belo Horizonte.

—▪—

A MORTE DE TANCREDO somente se assemelha à tragédia de Getúlio Vargas. A comoção que tomou conta do povo em ambas foi tremenda. Getúlio, com a forte carga simbólica do suicídio; e Tancredo, com a frustração do presidente impedido na última hora, que segue para um lento calvário no hospital, após ter despertado a esperança de todos com uma nova era de abertura democrática. Como todos os cidadãos, sofri bastante com o triste epílogo da vida de Tancredo. Não só como brasileiro, que nutria as melhores expectativas no porvir, mas como indivíduo que guardava profunda admiração pelo político e pelo estadista.

Tancredo escreveu uma carreira notável: promotor público, diretor do Banco de Crédito Real de Minas Gerais, diretor da Carteira de Redesconto do Banco do Brasil, diretor do BNDES, ministro da Justiça de Getúlio Vargas, primeiro-ministro do governo parlamentarista de João Goulart, governador e senador de Minas Gerais e presidente do Brasil. Nesta última campanha, desde a primeira hora, eu me oferecera para contribuir no que estivesse ao meu alcance. Tancredo gostava de mim. Conforme já relatei em capítulos anteriores, de uma forma ou de outra, sempre foi presente em minha vida. Não fosse ele e sua influência, minha mãe não teria tido condições de nos dar uma boa educação. Cruzamo-nos em vários momentos. Sempre recebi importantes lições, saboreei "causos" deliciosos e contei com o apoio decisivo em relevantes decisões.

Seu enorme sofrimento durante a prolongada internação hospitalar representou uma grande noite que escureceu o Brasil. Sua morte foi um infortúnio inenarrável. Despedi-me em silêncio, eu comigo mesmo. Ele tinha me deixado algumas missões. Minha homenagem seria cumpri-las da melhor maneira possível.

A 15 DE JANEIRO DE 1985, Tancredo Neves derrotaria Paulo Maluf no Colégio Eleitoral. Ele então me convidou a integrar a comissão de transição do governo militar para o civil, ao lado de Celso Furtado (um cepalino convocado, provavelmente, na intenção de dar uma tintura à esquerda, embora a pragmática ideologia tancrediana não privilegiasse nenhum dos lados da esfera política, e sim resultados que o beneficiassem), Hélio Beltrão, Sérgio Silva de Freitas (ex-vice-presidente do Banco Itaú e braço direito de Olavo Setúbal) e José Serra (então secretário de Economia e Planejamento do Estado de São Paulo), nomeado coordenador por sugestão de Ulysses Guimarães.

Fomos encarregados de relacionar os pontos que julgássemos prioritários para a ação do futuro governo nas áreas de economia e finanças e de obras de infraestrutura. Até hoje, não saberia afirmar se a comissão foi criada para ter suas proposições acatadas de fato ou apenas como mera peça da transição política. Era muito difícil conhecer o que se passava pela cabeça de Tancredo.

Já a indicação do meu nome para uma cadeira no Conselho Monetário Nacional tinha sido um pedido meu a Tancredo. Achava que poderia colaborar mais, discutindo e auxiliando na tomada de decisões na área das políticas macroeconômica e monetária. Tancredo também pensava assim, senão não teria atendido com evidente expressão de aprovação minha presença em uma assessoria que exige formação técnica e conhecimento de administração e negócios. Fazia parte do CMN a mais alta tecnocracia do Estado, destacando-se os presidentes do Banco Central e do Banco do Brasil e outros ministros da área econômica, além de um grupo de cinco empresários, totalizando cerca de 20 membros. Entre os do setor privado estavam Amador Aguiar, Abílio Diniz, Ângelo Calmon de Sá, Arthur Sendas e eu. Mantive minha contribuição no CMN até 1990, quando pedi para sair após a eleição de Fernando Collor.

Um dia, estava sentado à mesa de reunião, quando adentrou Dílson Funaro, ministro da Fazenda de Sarney, que enfrentava um câncer, ganhando uma aura mística. Mas que não tinha experiência para o mais alto cargo das finanças públicas. Tanto que vinha nos apresentar a primeira tentativa de controle da inflação – na época na casa de exorbitantes 80% ao mês, uma coisa indescritível – por meio de um congelamento total de preços. Funaro era um excelente personagem, mas tinha um perfil messiânico. O Plano Cruzado, peça de radical heterodoxia econômica, rompia com todos os cânones e cometia ingenuidades incríveis. Em alguns momentos, ignorava o primado das relações entre oferta e demanda.

Cheguei a dizer: "Ministro, isso não vai dar certo. Não é possível congelar os preços no país inteiro". Ele estava irredutível. Saí da sala. Não havia celular na época. Arranjei um telefone, liguei de Brasília para a minha mulher e disparei: "Teresa, vá ao supermercado e compre todos os mantimentos que não forem perecíveis. Vamos fazer um grande estoque, porque os produtos sumirão das prateleiras. Eles querem fazer uma guerra no consumo e no abastecimento". E não deu outra. Logo depois, Funaro caiu. Sarney teve o mérito de manter o funcionamento do processo de redemocratização do país, que ainda engatinhava. É possível que, naquela última metade do século passado, nenhum país do mundo tenha feito sucessivas vezes tantas experiências desastradas na área econômica quanto o Brasil. Mais uma vez, Tancredo fez falta.

—▪—

AINDA EM 1986, integrei a Comissão de Estudos Constitucionais – liderada por Afonso Arinos de Melo Franco e composta por 51 membros escolhidos pelo presidente da República –, que redigiu uma minuta de Constituição. O texto aprovado na comissão era muito bom, e, infelizmente, não foi de todo aproveitado na Constituição que se promulgaria dois anos depois. Tancredo Neves tinha me contado não ser favorável à Constituinte, por julgá-la então um elemento potencialmente perturbador ao andamento da redemocratização. Achava que a elaboração de uma nova Carta Magna deveria desenrolar-se gradualmente, quando o cenário político estivesse mais estabilizado. Mas Ulysses Guimarães era fanaticamente a favor de que se o fizesse de imediato, tanto que, ao presidir os trabalhos, virou o "Senhor Constituinte".

O presidente Sarney formou então uma comissão de notáveis, liderada pelo professor Arinos e com nomes como Antônio Ermírio de Moraes, Claudio Lacombe, João Pedro Gouvêa Vieira, Luís Eulálio de Bueno Vidigal e Raphael de Almeida Magalhães. Dividida em grupos, a comissão dedicou-se a produzir, durante alguns meses, os capítulos do documento. Lembro-me bem de que, entre os outros membros, todos parlamentaristas, só eu votei a favor do regime presidencialista. Tancredo já antevira que, qualquer que fosse o resultado final do projeto, as críticas chegariam de forma violenta. "Esta comissão terá de preparar o lombo para levar chicote", declarara, em sua mineirice. E, efetivamente, as chicotadas estalaram antes mesmo de iniciados os trabalhos, à esquerda e à direita: da Ordem dos Advogados do Brasil (OAB) à Central Única dos Trabalhadores (CUT), passando pela igreja "progressista", pelo PT e PDT, incluindo setores do PMDB e até do PDS.

Esse enorme rearranjo institucional, pelo qual o país se reorganizava em todas as áreas, agregou setores antípodas, que viviam às turras e nunca aceitavam o diálogo. A divisão de trabalho aproximou correntes de distintos matizes ideológicos. Dar ordenamento ao mosaico governamental fora das estritas regras que vigoravam no regime militar era um trabalho hercúleo, como colocar de pé o monte Everest em outro lugar e com uma estrutura mineral de outra natureza. Durante um determinado período, cheguei a pensar que estávamos modernizando o Estado brasileiro. Mas, bem, sobreveio a Constituição de 1988. Sei que naqueles primeiros momentos tudo se fazia sob os eflúvios de Tancredo Neves. O presidente tinha morrido, mas sua representação simbólica estava lá conosco. Acho que, de certo modo, ele nunca morreu.

29. Decepção

De certa forma, Aureliano Chaves foi o responsável pela minha participação na chamada "alta política". Por meio dele, me aproximei do grande jurista Célio Borja, com quem criei laços de estreita amizade. Borja foi o primeiro presidente de "fato" do PFL do Rio de Janeiro. Explico minha ressalva: ele sucedeu Hélio Beltrão, primeiro presidente de "direito", que permaneceu na função apenas pelo tempo necessário à formalização do novo partido, em maio de 1985. Desde o início, estava combinado que após corridos todos os trâmites para a criação do PFL, os integrantes da agremiação buscariam uma personalidade de consenso para comandá-lo. Foram dois ilustres brasileiros trabalhando em sintonia fina para a construção do partido.

O chamado "Grupo dos 11", comissão regional que indicou o jurista para a presidência do PFL, incluía nomes como o próprio Beltrão, Rubem Medina e Álvaro Valle. Célio Borja, entretanto, ocupou o cargo por meteóricos 15 dias. Isso porque, no dia 22 do mesmo mês de maio, começaria a integrar a Assessoria Especial do Presidente da República, José Sarney, juntamente com a filha deste último, Roseana, o genro Jorge Murad, o advogado Marcos Vilaça e o economista Luís Paulo Rosenberg.

Para minha enorme surpresa, Célio Borja convidou-me para que o substituísse na liderança regional do PFL. Eu, àquela altura, já acumulava substancial experiência como empresário e articulador na esfera do setor privado. Mas imagino que contou, sobretudo, nosso relacionamento cordial. Borja tinha de se dividir com enormes responsabilidades, e eu tinha vocação política e estava transpirando energia por todos os poros. Mesmo assoberbado pela rotina intensa na Montreal, resolvi encarar mais esse desafio que se interpôs em minha vida profissional. Essa decisão me levaria posteriormente, por uma via oblíqua e absolutamente imprevisível, a um caminho de descontentamentos. Mas essa é uma história para depois.

Eu que me achava tarimbado no jogo do xadrez político, verifiquei rapidamente que era apenas um iniciante. Tive de participar da montagem de estratégias e terçar floretes com raposas que pareciam ter nascido unicamente para essa finalidade. Foi nesse período que aprendi que não há rigorosamente nada inconciliável no meio político. Outra lição foi que meu senso de racionalidade e pensamento lógico, inerentes à profissão de engenheiro, não encontravam eco naquelas disputas astuciosas e articulações matreiras. Tive de aprender a movimentar-me nessa floresta. Até hoje, porém, sinto dificuldade de entender certos códigos.

Passados dois anos – tempo que me pareceu uma eternidade –, já extenuado por ter de administrar um amplo arco de interesses dos parlamentares e membros do partido com suas indefectíveis disputas internas, decidi que já tinha dado minha contribuição e era hora de partir para novos voos. Precisava focar nas minhas atividades empresariais. Era uma "escolha de Sofia", conforme se diz. Gostava da política. Mas meu "DNA" era de empresário. Escolhi deixar a função e passar o bastão da presidência da seção fluminense do PFL para o deputado Rubem Medina, um grande quadro do partido. Mas a tentação da política profissional me bateria à porta logo depois. A próxima estação seria a disputa eleitoral no Rio de Janeiro. O que viria a seguir traria grandes incômodos que deixariam marcas.

—▪—

PASSADO CERTO TEMPO em que me dediquei às lides da direção do PFL, meus profundos laços com o mundo político acabaram por falar mais alto. Em 1990, fui convencido por amigos e correligionários a candidatar-me a deputado federal pela seção do partido no Rio de Janeiro. Verdade seja dita, eu já pensava na ideia havia um tempo. Achava que poderia colaborar para a vida pública de dentro do Congresso, combinando minha racionalidade, estilo vigoroso e o aprendizado que tivera com uma participação mais intensa na esfera política. Tomei a decisão de que minha campanha seria pautada pela independência absoluta, bancada inteiramente por recursos próprios, sem nenhuma doação. Iria para a disputa na cara e na coragem.

Ao tratar do assunto com Titina, decidimos que passaríamos pela experiência juntos desde a primeira hora. Ela chefiaria o comitê de campanha, instalado na avenida Beira-Mar, no Centro do Rio. Para quem nutria dúvidas, Titina revelou-se titânica na administração de um sem-número de ações do escritório eleitoral. Só mesmo a extrema dedicação solidária para explicar como ela, sem nenhuma experiência pessoal no trato dos "protocolos" da pequena política e suas mesquinharias, conseguiu suportar a missão galhardamente até o fim. Logo de início, minha esposa recebeu a advertência de integrantes do próprio PFL de que, caso não colaborássemos financeiramente para uma determinada organização política, ocorreria fraude na apuração dos votos em prol de outro concorrente do mesmo partido. Lembro que naquela época ainda não existia a urna eletrônica. Os votos eram anotados à mão, o que facilitava extremamente a manipulação. Indignados, negamo-nos taxativamente a aceitar a chantagem, imaginando, até com certo grau de ingenuidade, que passaríamos incólumes pelo processo eleitoral – e eu poderia vencer o pleito de forma limpa e justa. De outra forma, não me interessaria nem participar do certame.

Ledo engano, pois foi dito e feito.

Conhecia os desvãos da política, mas a experiência da campanha foi uma decepção e tanto. A partir de então, eu e Titina decidimos que seria a primeira e única disputa eleitoral da minha vida. Não sou capaz de participar de um jogo sem regras, no qual a fraude e os atos torpes são bem-vindos. Se não consegui evitar um assalto daquele porte, era porque me faltava vocação – e estômago! Bem que tentei, porém não seria como político profissional que continuaria a contribuir para a transformação da sociedade. Assim como fui enganado daquela vez, continuaria sendo em outras.

Parti, então, rumo a outra estação, mas afeita às minhas características, o Tribunal de Contas do Estado do Rio de Janeiro. E não é que no TCE-RJ vim a me deparar com o meu "adversário" em condições bem mais favoráveis? E dei a ele o mesmo tratamento justo e imparcial que sempre concedi a todos. O mundo dá muitas voltas. E a justiça acaba sendo feita, mesmo que de uma forma sinuosa.

30. Generais

Além do general Carlos de Meira Mattos, de quem fui muito próximo, mantive também relacionamentos com um número expressivo de oficiais do Exército, principalmente, e da Aeronáutica, em menor escala. Cito como um dos mais íntimos o general Leônidas Pires Gonçalves, que teve um papel crucial no episódio da morte de Tancredo Neves, garantindo, em 1985, a posse de José Sarney em sucessão ao presidente João Figueiredo.

Acompanhei de perto o desenrolar dos fatos. Antes que o então governador de Minas Gerais, Tancredo Neves, se firmasse para suceder Figueiredo, um grupo significativo de empresários começou a promover reuniões com a alta cúpula dos militares para defender a candidatura do general Leônidas ao Palácio do Planalto. Havia a preocupação desses dirigentes no sentido de que o regime não estivesse ainda maduro para a transição democrática. Por outro lado, temia-se o confronto com a chamada linha dura, agrupamento de oficiais relutantes em aceitar a abertura política.

Desde muito tempo, mantive interlocução com os militares. Como gestor de projetos de engenharia de grandes obras, era inevitável estabelecer um contato estreito com o governo central. A interação com as Forças Armadas tornava-se absolutamente necessária, tendo em vista que o regime era militar. Eu sempre respeitei muito o profissionalismo, o padrão moral e o espírito cívico das Forças Armadas. Tínhamos em comum o mesmo norte, ou seja, o desenvolvimento nacional, que somente seria possível com fabulosas empreitadas no setor de infraestrutura.

As características grandiosas dessas obras – em especial nas áreas de hidroeletricidade, siderurgia e transportes – envolviam um planejamento rigoroso de longo prazo, financiamentos vultosos e processos construtivos complexos, em regiões inóspitas Brasil afora. Exigiam, portanto, a presença firme do Estado *pari passu* aos esforços da iniciativa privada. E aqueles altos empresários se mostravam plenamente satisfeitos quanto à sua relação com o governo em curso. Não viam a menor necessidade de mudança para um rumo político, por assim dizer, desconhecido – homens de negócios gostam de saber precisamente onde pisam.

Meira Mattos, então vice-presidente da Montreal Empreendimentos – a *holding* sem as atividades operacionais do Grupo Montreal –, era um dos militares que participavam dos almoços organizados por expoentes da iniciativa privada em um restaurante do edifício Avenida Central, no Rio de Janeiro. E eu, que formava entre os que apoiavam a sucessão civil e, mais precisamente, a eleição de Tancredo Neves, cheguei a acompanhá-lo em alguns dos encontros, na condição de sócio da Montreal. Comparecia mais como observador, pois todos sabiam da minha opção pela democratização e do meu relacionamento com Tancredo.

Vale lembrar que estávamos já num contexto de abertura política, em que a censura havia sido abolida. E, não obstante todo o empenho do grupo de empresários que tencionava ver Leônidas Pires Gonçalves na cadeira de supremo mandatário da nação, o general sempre recusou a ideia, afirmando que seu papel era estritamente o de militar. Ele não disputaria o certame, independentemente de quem concorresse no páreo. Ao fim e ao cabo, foi ele que, com a morte de Tancredo Neves, efetivamente garantiu a posse de José Sarney na Presidência da República.

Ressalte-se que, durante a doença de Tancredo, não havia clareza de quem o substituiria caso sobreviesse um impedimento prolongado ou definitivo – o que, infelizmente, acabou se concretizando. Pairavam dúvidas de natureza jurídica. Por exemplo, se deveria acontecer outra eleição, uma vez que os dois políticos, o mineiro e o maranhense, tinham sido eleitos, sem, entretanto, chegar a tomar posse nos respectivos cargos. Portanto, do ponto de vista formal, ainda não eram presidente nem vice-presidente da República. Assim pensava o renomado jurista Afonso Arinos de Melo Franco (que mais tarde capitanearia a Comissão de Estudos Constitucionais (da qual fiz parte), escalada por Sarney para elaborar uma minuta de Constituição), defensor da tese de que o comando do país caberia ao presidente da Câmara, deputado Ulysses Guimarães. Em meio às discussões legais e políticas, dois personagens tiveram papel determinante para que fosse dada posse a Sarney. O ministro-chefe do Gabinete Civil, Leitão de Abreu, buscou na Constituição o argumento tão simples quanto irretocável: é vice? Pronto, assume. Já o general Leônidas deu a sustentação das Forças Armadas. E, dentro do próprio hospital onde faleceu Tancredo, garantiu que a democracia era para valer.

Leônidas é um capítulo em nossa vida. Eu e Titina fomos muito amigos dele e de sua esposa, Dóris. Eram ambos bonitos e elegantes, formavam o chamado "casal 20" do meio militar. Cheguei a fazer, ao lado do general, já reformado, uma viagem interessante para conhecer a base de helicópteros do Exército em Itajubá, Minas Gerais. Saímos do Rio, sobrevoando a beleza da costa fluminense pela manhã, e passamos um dia inteiro visitando a base de que ele tanto se orgulhava de ter criado, na condição de ministro do Exército do governo Sarney.

Na época, houve uma forte contestação da Aeronáutica ao fato de o Exército – e a Marinha também, com o advento da aviação naval – ter decidido operar com suas próprias aeronaves. Depois, esse assunto se acomodou, mas quem bancou, dentro das Forças Armadas, a formação do grupamento de helicópteros foi o general Leônidas. Como havia sido o comandante na Amazônia durante algum tempo, ele chegou à conclusão de que, dadas as dificuldades de locomoção na região, o Exército precisaria contar com uma frota própria de equipamentos para patrulhar as fronteiras. O fato é que as instalações de Itajubá, grandiosas e muito bem montadas, me impressionaram bastante. Permanecemos amigos até sua morte, em 2015.

Outro general próximo a mim foi Reinaldo Melo de Almeida. Grande patriota, fazia uma dupla inseparável com Meira Mattos e era filho de José Américo de Almeida, ex-governador da Paraíba e membro da Academia Brasileira de Letras (ABL) – seu livro *A bagaceira*, de 1928, é considerado o marco inicial do romance regionalista no Modernismo brasileiro. Melo de Almeida era muito próximo do general Ernesto Geisel. Havia quem dissesse que uma forma de falar com Geisel era falar com Melo de Almeida. Ao lado de Meira Mattos, atuou junto comigo no processo de eleição de Tancredo Neves, de quem me tornara tesoureiro de campanha. Ambos foram os interlocutores com os demais generais de proa nos jantares organizados em minha casa, na avenida Ruy Barbosa, no Rio de Janeiro, para convencê-los sobre a viabilidade da candidatura do político mineiro. Eu, na verdade, me instituía de anfitrião, mas quem convidava os militares eram eles.

Recordo que, durante esses encontros, Tancredo ficava sempre bastante nervoso. Quando sua tensão crescia na presença dos militares de alta patente, ele mordiscava a gravata na frente de todos à mesa. Pudera! Tancredo, até bem recentemente, estava identificado com o "inimigo". Tinha sido primeiro-ministro do Brasil durante o regime parlamentarista do governo João Goulart, e era uma das principais lideranças do Movimento Democrático Brasileiro (MDB). Portanto, ainda era observado com prudência pelo estamento militar. Poucos eram os oficiais "animados" com sua candidatura. A costura precisava ser feita ponto por ponto.

Naquele período, ainda estava em ebulição o caldeirão das diretas já. O Congresso Nacional preparava-se para votar a emenda do deputado Dante de Oliveira, restabelecendo as eleições diretas para presidente da República, que beneficiariam a candidatura do deputado Ulysses Guimarães. O fato é que, derrotada a emenda, o general Reinaldo Melo de Almeida empenhou-se ainda mais, naqueles jantares, na defesa das propostas do oposicionista Tancredo e contra Paulo Maluf, o candidato da situação.

O pai do general, José Américo de Almeida, tivera uma intensa trajetória política. Além de consultor-geral e governador do estado da Paraíba, fora ministro do Tribunal de Contas da União (TCU). Chegara, inclusive, a candidatar-se à sucessão de Getúlio Vargas nas eleições previstas para janeiro de 1938, com o apoio de quase todos os governadores e figuras proeminentes do poder central.

Mas em novembro do ano anterior, adviria o golpe liderado por Getúlio Vargas, frustrando as expectativas do ilustre paraibano e instaurando o período ditatorial conhecido como Estado Novo.

O general Reinaldo Melo de Almeida era um homem muito interessante, suave no trato, na maneira de falar. Eu diria, em síntese, que ele não personificava a figura clássica do militar que tradicionalmente cultivamos no imaginário – um personagem em permanente prontidão, austero, numa postura física sempre rígida. Lembro-me de ter praticado tênis com o general com frequência. Após as partidas, conversávamos sobre assuntos variados, nos quais sua cultura e sagacidade pontificavam. Nenhum desses lugares-comuns poderia traduzir o temperamento moderado e cativante de Reinaldo Melo de Almeida, de quem continuei amigo até seu falecimento, em dezembro de 2006.

Mantive, ainda, um estreito relacionamento com outros dois eminentes militares, mas fora do círculo estrito das Forças Armadas. O general Otávio Costa, um oficial de grande prestígio, que havia pertencido ao Gabinete da Presidência no governo Médici, recebeu, logo depois de reformado, o convite de Augusto Trajano de Azevedo Antunes para trabalhar na *holding* Caemi Mineração. Ele assumiu o cargo de secretário-geral do Conselho de Administração, que eu também integrava. Minha aproximação com o general não se deu enquanto militar da ativa, mas pela circunstância de convivermos intensamente no mesmo círculo empresarial. Tanto que nos tornamos, assim, os amigos pessoais que somos até hoje. Como prova do afeto e do respeito mútuo que vêm atravessando longos anos, ele agora me honra aqui, com seu depoimento neste meu livro de memórias.

Finalmente, devo citar o general Francisco Albuquerque, que vim a conhecer quando membro do Conselho de Administração da

Petrobras. Mantive com ele, já aposentado e morando no interior de São Paulo, durante mais de quatro anos, intenso relacionamento. O general Francisco, como eu o chamava, primava pela forma educada e sóbria com que examinava os complexos problemas na Petrobras. Comunicávamo-nos pessoalmente, por *e-mail* ou telefone com muita frequência. Tenho por ele, ainda ativo no momento em que redijo estas notas, em 2018, alta estima e consideração pela postura e observações sempre pertinentes nos debates no âmbito do Comitê de Auditoria, assim como no Conselho de Administração da Petrobras.

31. TCE-RJ

Minha experiência eleitoral me causou profunda desesperança em relação à eficiência dos mecanismos legais do país. Tive de atravessar um calvário, sabendo que a justiça, caso fosse feita, somente ocorreria em prazo superior ao das minhas piores expectativas. Extrapolei o meu caso pessoal para tantos outros vivenciados no Brasil e, confesso, fiquei muito pessimista: de um lado, com as regras eleitorais; e de outro, com a visão de uma Justiça incapaz de dar suporte às grandes demandas nacionais por equidade, isonomia e punibilidade das infrações.

Em um desses desabafos sobre o tema com o legendário banqueiro José Luiz Magalhães Lins, que já havia deixado suas atividades à frente do Banco Nacional de Minas Gerais (BNMG), fui surpreendido por suas palavras: "Sergio, só há duas soluções: ou você se queda passivo ante o problema, ou o enfrenta. E você não é homem de se quedar". Já conhecia Magalhães Lins desde a época em que ele presidia o Banco do Estado do Rio de Janeiro (Banerj). Logo entendi que suas considerações não eram desprovidas de uma segunda intenção. Ele havia ingressado no Tribunal de Contas do Estado do Rio de Janeiro (TCE-RJ) e julgava que meu nome reunia todos os requisitos técnicos para integrar o órgão.

Por um desses desígnios do destino, existia uma vaga para o cargo de conselheiro em aberto há mais de dois anos. Pesaram no meu currículo o histórico empresarial, o conhecimento e a paixão pela contabilidade – um dos grandes instrumentos de sustentação das democracias –, o interesse permanente e manifesto pela melhoria das instituições brasileiras e o fato de ter sido presidente do Partido da Frente Liberal (PFL), no Rio de Janeiro, o que me tornou mais conhecido no meio político da época, tanto em âmbito federal quanto estadual.

Era um momento de efervescência política devido ao *impeachment* do ex-presidente Fernando Collor. O jurista Célio Borja, a quem sucedi na liderança da seção fluminense do PFL, deixara o Ministério da Justiça de Collor. Borja e personalidades como o ex-presidente da Vale, Eliezer Batista, o embaixador Marcílio Marques Moreira, o cientista político Hélio Jaguaribe, entre outros, passaram a atuar no chamado "Ministério dos Notáveis", uma tentativa terminal de reaprumar a governança. Fui então conversar com políticos indicados por ele, a fim de me candidatar à vaga no TCE-RJ, cuja indicação caberia à Assembleia Legislativa. Com esse amplo apoio, tomei posse no órgão em princípios de 1993.

Logo me deparei com os desafios que enfrentaria, desde os mais prosaicos até embates contra os poderosos acostumados a atropelar a lei. Como durante dois anos a vaga que eu estava assumindo não fora preenchida, o gabinete do conselheiro que saíra encontrava-se ocupado para outras finalidades, de maneira que não havia sala para mim. Expliquei a situação ao decano do tribunal, Humberto Braga, que prometeu solucioná-la. Enquanto isso, ia conversando com meus futuros auxiliares numa espécie de salão nobre da casa. Eu ignorava que aquele era um espaço onde só podiam entrar pessoas autorizadas pelo presidente. Instalou-se uma confusão, e um conselheiro da corte veio reprovar minha atitude. Devido ao ambiente de tensão que se criou, o reclamante dirigiu o dedo ao meu rosto. Ato contínuo, segurei a mão dele firme e disse: "Nunca mais faça isso, senão vamos brigar!". Esse conselheiro era muito sério e dedicado e, a despeito do incidente, tornamo-nos amigos fraternos. A menção aos fatos são somente exemplos para ilustrar o quão turbulentos foram os meus primeiros dias no tribunal.

—▪—

PASSADOS DOIS ANOS de minha posse, fui eleito presidente do TCE-RJ. Assumi o cargo disposto a introduzir mudanças importantes. Por exemplo, estabeleci que, quando alguém pedisse vista do processo, teria três sessões, prorrogáveis por mais três, para devolvê-lo. Se após esse prazo o processo não tivesse retornado, ele entraria em pauta no plenário automaticamente, sem o voto de revisão, para não atravancar o andamento. Essa medida agilizou muito a dinâmica do órgão ao eliminar o hábito, comum ainda hoje nos tribunais, de engavetar indefinidamente as ações. Só os processos referentes à autorização de aposentadorias estavam "pendurados" em aproximadamente 40 mil. Criei uma comissão especial para examiná-los e fazer uma limpeza geral nas pendências. Todas as minhas ações no tribunal sempre foram pautadas na obsessão pela transparência. A melhor forma de manter higienizada qualquer gestão, além, claro, da boa índole, é a luz do sol. Fiz meu trabalho sempre às claras.

Não há como omitir: existia, sim, muita pressão de políticos para proteger e beneficiar prefeitos e secretários ligados a eles.

A fim de retirar qualquer dúvida de que manobras de trocas de favores não vingariam comigo, cultivei o hábito de não receber ninguém em audiência sem um auxiliar presente, como testemunha da conversa. Só registro um episódio efetivamente desagradável, quando precisei demitir um funcionário, denunciado por um prefeito de uma cidade do interior por tentativa de achaque. Os membros do meu gabinete também não podiam aceitar visitas de quem fosse objeto de relatório. Como percebiam que eu estimulava e amparava politicamente o trabalho deles, atuávamos num ambiente bastante produtivo. Esse mesmo grupo de profissionais, ressalte-se, permanece até hoje no TCE-RJ, após 13 anos de minha saída, trabalhando junto com a conselheira Marianna Montebello. Todos merecem destaque pela integridade e eficiência.

A propósito da fundamental importância da lisura, guardei inclusive matéria publicada no jornal *O Globo*, reproduzindo uma declaração de quando estourou o escândalo da "Operação Quinto do Ouro", em março de 2017. A ação da Polícia Federal e do Ministério Público, destinada a apurar desvios para favorecimento de membros da corte durante a gestão do governador Sérgio Cabral, prendeu o presidente do TCE-RJ e mais cinco conselheiros. Da delação de Jonas Lopes de Carvalho, ex-presidente do tribunal que denunciara o esquema de corrupção envolvendo empresas, políticos e conselheiros, consta o seguinte: "Sergio Franklin Quintella também integrava o Colegiado, mas não recebia propinas". Tenho o maior orgulho da minha integridade e do meu histórico de passagem ilibada por tantos cargos na vida pública. Faço questão de deixar esse sentimento registrado nestas poucas linhas.

DURANTE MEU MANDATO na presidência do TCE-RJ, tive algumas ações contestadas pelo ex-governador Marcello Alencar, que não se conformava que o órgão efetuasse o exame prévio das licitações. Ele queria a verificação depois das obras concluídas e chegou a entrar na Justiça, quando foi defendido pelo então procurador de justiça Luís Roberto Barroso, atual ministro do Supremo Tribunal Federal (STF). Barroso batalhava para rever essa prerrogativa. Era um adversário de peso. Ganhamos juridicamente a causa, confirmando-se que tínhamos o direito de apreciar o processo licitatório *a priori* e fazer as mudanças que considerávamos necessárias – do mesmo modo como o Tribunal de Contas da União procede hoje. Não se falava tanto no termo *compliance*, mas guardávamos absoluta noção de que os sistemas de controle deveriam ser realizados antes do fato consumado. Hoje parece óbvio. Porém naquela época soava como uma tentativa de burocratizar ou mesmo impedir que iniciativas importantes fossem tomadas pelo governante. O tempo e a prática mostraram que agimos certo.

Deixei algumas contribuições para o melhor funcionamento do TCE-RJ, das quais muito me orgulho. Uma delas foi a criação da Escola de Contas, voltada à formação de profissionais e ao treinamento do grupo técnico do tribunal, que iniciou suas atividades na rua da Candelária, Centro do Rio, e atualmente funciona em Niterói. A acurada capacidade de compreensão da contabilidade aplicada às contas públicas é o básico para o exercício das funções de auditoria dos números do estado. Sempre primei por conceder importância especial à formação técnica. Um bom preparo profissional pode significar a economia de milhões na gestão do governo.

Em uma perspectiva crítica, penso que o atual processo de escolha dos conselheiros pela Câmara dos Deputados deveria ser alterado. É bem verdade que fui nomeado dentro dessas regras. Mas, em parte, representei um dos casos que fogem à regra. Embora tenha contado minha condição de ex-presidente do PFL, eu não apresentava como principal atributo minhas ligações com a área política. Carregava uma base técnica que dava sustentação ao meu pleito. A maioria dos membros do TCE-RJ, contudo, vem quase que exclusivamente do meio político. Não são, necessariamente, pessoas que conheçam finanças públicas ou mesmo que possam atuar no órgão em tempo integral, conforme deveria ser obrigatório. A escolha poderia, por exemplo, sair de uma lista tríplice, em ordem alfabética. Assim, na presença de critérios mais rigorosos, a composição do conselho tenderia a aprimorar-se, por meio de integrantes com perfil técnico qualificado, sobretudo em orçamento público e legislação no campo de licitações. Isso já acontece em relação aos novos conselheiros auxiliares concursados.

O ideal, aliás, seria que todos os cargos fossem preenchidos por concurso. Entretanto, a prática brasileira se submete à indicação de desembargadores, juízes, ministros do Tribunal de Justiça e do Supremo Tribunal Federal. Sou, ainda, favorável ao processo de rotatividade da presidência, como hoje ocorre no STF. No meu caso, exerci o cargo por dois anos, por considerar que havia realizado o bastante. Deixei o Conselho em 2005, antes, portanto, da promulgação da lei que estendeu a aposentadoria nos tribunais para 75 anos – eu estava, então, com 70. É muito difícil comparar períodos, missões, exigências e realizações tão distintas, Mas, entre os afazeres que acumulei em minha vida profissional, a passagem pelo TCE-RJ foi uma das mais agradáveis. Pelo tempo de duração e contribuição direta à causa pública, ela se insere nas que dediquei, e com frutos, o melhor de mim para o proveito da sociedade.

A fundação Getulio Vargas sempre esteve ligada à minha trajetória de vida. Minha relação com a instituição começou de maneira indireta, por meio do convívio informal com seus grandes quadros, como Otávio Gouveia de Bulhões, Roberto Campos, Mário Henrique Simonsen e Francisco Dornelles, para citar somente os mais emblemáticos. Eles foram alguns dos principais artífices da modernização do Estado brasileiro.

Meu ingresso oficial na instituição ocorreu há mais de duas décadas, quando seu então presidente, Jorge Oscar de Melo Flores, me convidou para o Conselho Curador. Eu já o conhecia das reuniões do Conselho Técnico de Itaipu – obra projetada pela Internacional de Engenharia (Iesa), juntamente com a International Engineering (USA) –, do qual ele fazia parte. Flores era um destacado engenheiro hidráulico. Em 2000, o vice-presidente da FGV, Carlos Ivan Simonsen Leal, assumiu o comando da fundação em substituição a Flores – que falecera em 31 de julho daquele ano – e me convidou para o Conselho Diretor.

Em 2005, o vice-presidente da FGV, Manoel Fernando Thompson Motta (conselheiro do grupo industrial Bardella durante 37 anos), adoeceu gravemente, até que se viu incapacitado de exercer as intensas atribuições do cargo. Carlos Ivan então propôs que eu ocupasse o lugar de Thompson Motta. Eu tinha acabado de deixar o conselho do TCE-RJ. Sentia-me pronto para vivenciar uma nova experiência que estivesse de acordo com minhas vocações para política, administração e colaboração para o bem público. Carlos Ivan tinha conhecimento sobre minha larga experiência como dirigente da Internacional de Engenharia. E achava que a FGV precisava desenvolver uma área de projetos, de modo a gerar novos recursos para o financiamento das pesquisas e do ensino, áreas tradicionais da instituição. Mesmo sendo convidado pelo presidente, pedi para receber a indicação do próprio Thompson. Tinha laços de amizade com ele, além de achar que era a atitude correta do ponto de vista ético. Após sua morte, prestamos nossa homenagem por meio da inauguração do Auditório Engenheiro Manoel Fernando Thompson Motta.

O fato é que Carlos Ivan me chamou com o intuito de organizar especificamente a área de projetos. Decidi extinguir o incipiente setor, denominado Consulting, então existente em São Paulo, fundindo-o ao congênere do Rio de Janeiro, de maneira a formarmos um núcleo único e coeso. Começamos assim a desenvolver ações substantivas para que a área de projetos crescesse e assumisse uma grande importância no escopo de serviços realizados pela FGV.

Na FGV Projetos, além de organizarmos concursos públicos, prestamos consultorias no campo da economia e da administração. Fomos convidados a fazer a avaliação, para os ministérios públicos dos estados de Minas Gerais e do Espírito Santo, dos danos causados pelo rompimento da barragem da Samarco, controlada pela Vale e pela BHP Billiton, a 35 quilômetros do município de Mariana. No desastre, morreram 19 pessoas, e regiões inteiras foram destruídas, afetando seriamente ainda 800 integrantes de comunidades indígenas.

Quando Carlos Ivan me convidou, ele tinha clara uma divisão de tarefas, na qual era fundamental uma complementariedade de estilos. Ele é um estrategista nato, com capacidade de enxergar muito à frente. Cabe também à sua função, como presidente da casa, toda a parte cerimonial e de relacionamento institucional, viajando, recebendo autoridades nacionais e estrangeiras, fechando grandes convênios e tecendo as articulações políticas. Carlos Ivan me pediu então que supervisionasse a área de pós-graduação *lato sensu* e acumulasse, ainda, funções em todo o setor de finanças, contabilidade, governança e controladoria.

Foi na nossa gestão, minha e de Carlos Ivan, certamente mais por méritos dele do que meus, que germinou e deu frutos o projeto de expansão da FGV. Quando entrei, há mais de duas décadas, a instituição vivenciava uma crise financeira de tal ordem que precisou fechar escolas de graduação. Os cursos terminavam e não iam sendo abertas novas turmas. Ao assumir a presidência, com grande visão estratégica, Carlos Ivan partiu para a criação de rendas adicionais, tendo como meta tornar a FGV cada vez mais independente do apoio do governo. E o cenário foi mudando substancialmente. Em 10 anos, a fundação multiplicou por 80 vezes seu caixa. Passou a ser uma instituição com presença nacional. O número de escolas e de alunos (cerca de 50 mil, mais dezenas de milhões no modo ensino a distância), assim como o de empregados, registrou um aumento fantástico. Pode-se dizer que, em uma década, a FGV assumiu a posição de principal *think thank* da América do Sul e sétima no *ranking* internacional.

Abrimos filiais do Instituto Brasileiro de Economia (Ibre) em São Paulo, onde passamos a manter escritórios. Unificamos efetivamente as operações da FGV-RJ e da FGV-SP, que conviviam como duas instituições independentes. Mais uma vez, merecem destaque a visão e a habilidade de Carlos Ivan. A FGV tornou-se una e indivisível. Extinguimos a área de Recursos Humanos em São Paulo, responsável pela folha de pagamentos, e centramos toda a contabilidade na sede da fundação, na praia de Botafogo, onde funcionam as atividades administrativas e corporativas.

Criamos, ainda, a Rede Pesquisas, um núcleo que desenvolve centenas de projetos de pesquisa aplicada (a pesquisa pura é feita pelas escolas), operando com uma parcela de recursos da fundação e outra resultante de financiamento de terceiros. A FGV talvez seja hoje a instituição de ensino que mais investe em pesquisa – mais até do que as grandes universidades paulistas ou a Universidade Federal do Rio de Janeiro (UFRJ).

Considero que o marco do fortalecimento financeiro da FGV foi a construção do edifício anexo à sede original. A obra, diga-se de passagem, foi tocada na raça, amparada em uma liminar, porque não se conseguia destravar a ação judicial, iniciada havia mais de uma década, impetrada por uma moradora da vizinhança, sob a alegação de que o novo prédio tiraria sua visão da baía de Guanabara!

Um belo dia, conversando com Carlos Ivan, argumentei que no Brasil só há uma lei que, mesmo não escrita, é irrevogável: a lei do fato consumado. Portanto, como o terreno já pertencia à fundação, deveríamos partir para a construção do prédio com base em decisão judicial liminar. Depois de pronto, quem iria mandar derrubá-lo? A opção pelo financiamento via Caixa Econômica Federal (CEF) terminou por blindá-lo de vez, pois estávamos deixando o imóvel em garantia à União. Batizamos o edifício de Oscar Niemeyer, responsável pelo desenho da planta. Ninguém no mundo teria coragem de colocar abaixo um projeto assinado pelo nosso arquiteto maior. Agora, do total de 20 pavimentos, 15 estão ocupados pela Vale e o restante, por firmas estrangeiras.

E assim a FGV vai seguindo, de modo seguro e sustentável, em sua missão de estimular o desenvolvimento nacional – nas áreas estratégicas de economia, administração pública e jurídica –, como centro de excelência de produção acadêmica no Brasil e no exterior. Enquanto me sentir com o vigor necessário, e os meus companheiros julgarem minha contribuição relevante, estarei trabalhando para aumentar ainda mais a importância da fundação nos cenários nacional e internacional. Nossa meta é figurar entre as principais instituições produtoras de conhecimento no mundo. Um desafio à altura do que foi feito na última década.

A morte de Arthur Sendas, fundador da tradicional rede de supermercados Casas Sendas, a 20 de outubro de 2008, deixou vazio seu cargo como membro do Conselho de Administração da Petrobras. Sendas era o único empresário representante do Rio de Janeiro, a terra do petróleo por excelência. A Petrobras atravessava momento de euforia, com a descoberta do pré-sal e as expectativas de geração de recursos advindos do enorme campo petrolífero. A companhia então achou pertinente chamar alguém que pertencesse igualmente ao estado fluminense e à Fundação Getulio Vargas (FGV).

Carlos Ivan Simonsen Leal, presidente da instituição desde 2000, foi o nome lembrado pelo governo. Ele declinou do convite, argumentando não ser um conhecedor da área, e sugeriu meu nome, na condição de empresário que havia trabalhado muitos anos para quase todas as refinarias, oleodutos e gasodutos da Petrobras. Desse modo, e referendado pelo então senador Francisco Dornelles, assumi a função de membro do Conselho de Administração da Petrobras em 2009, ao lado de nomes como Jorge Gerdau, dono da siderúrgica homônima, e Fábio Barbosa, então presidente do

Grupo Santander Brasil e da Federação Brasileira de Bancos. Barbosa participava do Comitê de Auditoria da empresa, que já vivia momentos periclitantes. Os dois ilustres empresários representavam os acionistas minoritários e foram, depois, substituídos. Para dar uma ideia do ambiente que viria a ser criado na companhia, um conselheiro (minoritário) chegou, inclusive, a fazer denúncias contra os membros do Conselho de Administração na Comissão de Valores Mobiliários (CVM). Mas as coisas iriam esquentar muito ainda.

Com a saída de Barbosa, assumi a presidência do Comitê de Auditoria. Apesar de não ser um órgão estatutário, o comitê desempenha tradicionalmente um papel importante, por assessorar o Conselho de Administração nas áreas de sua atribuição regimental. Com o avançar do tempo e o surgimento de fatos nem sequer imaginados, o comitê passou a estar no epicentro dos acontecimentos que levaram a Petrobras à condição de protagonista da chamada Operação Lava Jato. Cabe realçar que, não obstante ter sido eleito por indicação do governo, sempre agi de maneira independente ao me pronunciar sobre as questões da companhia. Tanto que discordei de várias decisões oficiais. O conselho, na época, era presidido pelo ministro da Fazenda, Guido Mantega, e eu, evidentemente, não tinha a menor suspeita do esquema de corrupção que estava acontecendo na Petrobras.

Entre o conjunto de assuntos relevantes então na pauta de discussão do Conselho de Administração figurava a construção da Refinaria Abreu e Lima, em Ipojuca, litoral sul de Pernambuco, anunciada pelo presidente Lula, em 2005. A ideia do projeto nasceu de um encontro do então governante brasileiro com o da Venezuela, Hugo Chávez. Ocorre que nosso petróleo e o do vizinho sul-americano – quase um piche duro, por isso chamado de óleo pesado – são inteiramente diferentes. É necessário, assim, haver refinarias distintas para processar um e outro.

Chávez, afora batizar o projeto com o nome do apelidado "General das Massas" – recifense que atuou, sob o comando de Simon Bolívar, nas guerras de independência da Venezuela e da Colômbia –, nunca investiu nele um único centavo. A realidade é que, mesmo com a incerteza sobre ir avante, chegaram a executar obras de terraplenagem. O projeto, contudo, não ia para frente. Simplesmente, por se desconhecer se haveria uma ou duas refinarias no mesmo sítio.

Caso a Petróleos de Venezuela (PDVSA) saísse do negócio, a Petrobras faria uma usina de 200 mil barris/dia exclusivamente com o combustível brasileiro. O impasse foi se arrastando até a morte de Chávez, em 2013. Desse modo, desfez-se a relação PDVSA--Petrobras e a companhia brasileira pôde então conduzir sozinha o processo. Decidiu tocar a construção, mesmo sem projeto, o que inviabilizava a montagem adequada de um orçamento, pois como calcular, por exemplo, equipamentos dos quais se ignoram o tipo e a dimensão?

Como se viu depois, cometeram o erro de arbitrar um preço sem base realista. O orçamento de US$ 2,6 bilhões, previsto inicialmente, saltou para estratosféricos US$ 20 bilhões! Ali, ainda que não tivéssemos ciência, a corrupção já estava presente. Note-se que os conselheiros não dispõem de nenhum funcionário para assessorá-los, tornando impossível inteirar-se de tudo o que acontece dentro de uma companhia com 85 mil empregados (e quase 300 mil terceirizados), apenas comparecendo a uma reunião por mês.

NA ÉPOCA, ainda no início da Lava Jato, na qualidade de presidente do Comitê de Auditoria, elaborei um relatório detalhado sobre as falhas que identifiquei no contrato da Abreu e Lima, listando os nomes de 21 pessoas responsáveis por aquele desmando. E entreguei-o ao Conselho de Administração, sugerindo que fosse encaminhado à Controladoria Geral da União (CGU), ao Tribunal de Contas da União (TCU) e ao Ministério Público Federal. Foram então contratadas duas firmas externas para avaliar em quanto montava o rombo decorrente de "malfeitos" nos cofres da Petrobras. Quando a projeção chegou ao conselho, remetendo a mais de R$ 80 bilhões, me recusei a endossá-la. Não iria colocar minha assinatura sem conhecimento de causa, num sistema de cálculo cuja metodologia não me fora apresentada. Um número daquela dimensão introduzido no balanço da empresa teria efeitos desastrosos.

Pedi para que se registrasse meu voto contrário ao montante encontrado. Um conselheiro mais que depressa disparou: "Se esse assunto não for publicado como fato relevante, vou denunciar todos à CVM". Refutei de pronto: "E se você for à CVM, vou denunciá-lo por estar forçando a aceitação de uma soma que nenhum de nós tem capacidade de julgar se está certa ou errada". Deu-se aquela briga, mas por fim saiu o fato relevante e aconteceu o que se sabe. Despencaram as ações da Petrobras a patamares ridículos. O valor de mercado da companhia caiu a um terço do patrimônio líquido. Não foi por falta de aviso.

—▪—

COM A EXPLOSÃO DO ESCÂNDALO envolvendo o desvio de recursos da empresa, ficamos sabendo que alguns diretores e gerentes estavam mancomunados no sentido de que a refinaria produzisse dinheiro para o PT – e para eles próprios, além de tantos outros. Como sem um projeto não se consegue fazer uma licitação correta, a preço fixo, a cada etapa da obra – que corria sem controle – correspondiam mais e mais aditivos. “Foi uma conta de padaria”, chegou a declarar o diretor de Abastecimento Paulo Roberto Costa, o primeiro delator da Lava Jato.

O estouro da operação nos apanhara todos de surpresa no conselho. O fato de negociar ações na Bolsa de Valores de Nova York obriga a Petrobras a seguir a Lei Sarbanes-Oxley, apelidada de Sox, no tocante a ter de aceitar denúncias anônimas. Perguntei então ao ouvidor-geral da companhia se ele nunca havia recebido nenhuma sinalização de desfalque lá dentro. “Nunca! Apenas denúncias de assédio sexual e problemas trabalhistas”, justificou. “Então”, rebati, “você vai escrever uma carta relatando isso a mim, porque se o ouvidor jamais escutou nada parecido, imagine eu e os outros membros do conselho”. E ele assim fez. Na reunião seguinte, levei a tal carta e solicitei que a transcrevessem em ata, propondo a extinção da Ouvidoria – porque ela havia “ficado surda”. Simplesmente, não era possível que houvesse ocorrido tamanhas falcatruas sem que algum funcionário se desse ao trabalho de apontá-las numa caixa de denúncias, protegido pela condição de anonimato.

—▪—

OUTRO PROBLEMA SÉRIO foi que Dilma Rousseff, ao deixar a presidência do Conselho de Administração da Petrobras e a chefia da Casa Civil de Lula para candidatar-se à sua sucessão no Palácio do Planalto, legara um tabelamento de preços internos que arruinou o balanço da companhia. Enquanto a dívida batera a faixa de US$ 100 bilhões, a relação capital-patrimônio líquido, que deveria ser de no máximo 2,5 vezes, alcançou o dobro, em razão dos enormes prejuízos operacionais decorrentes de a Diretoria, à qual cabe a fixação de preços dos combustíveis, não ajustá-los ao mercado.

A situação era a tal ponto absurda que cheguei a encomendar ao Instituto Brasileiro de Economia (Ibre), da FGV, uma simulação dos efeitos de um aumento de 10% da gasolina e do óleo *diesel* sobre o Índice de Preços ao Consumidor (IPCA). O documento final apontou um índice de 0,2% no caso da primeira e 0,3% para o diesel, em virtude de este se estender a ônibus e caminhões. Quando entreguei o estudo do Ibre, em uma reunião com Guido Mantega e a diretora Graça Foster, esta alegou que não conseguiria convencer a presidente Dilma a liberar o reajuste, insistindo na tecla do gatilho inflacionário – tese que estava matematicamente contestada no documento.

A Petrobras, ante um plano de investimento da ordem de US$ 250 bilhões, com prejuízo e sem um Ebitda equilibrado, precisaria endividar-se para manter o programado. E assim foi indo até chegar a US$ 100 bilhões. A correção só viria a ocorrer quando Pedro Parente assumiu o leme da companhia, que começa a entrar nos eixos, ao adotar a política de preços internacionais, aproximando-se do indicador de 2,5 aprovado lá atrás pelo conselho – o qual não tem autoridade para a fixação de preço, competência que cabe à Diretoria da empresa.

—▪—

EU NÃO INTEGRAVA o Conselho de Administração quando ocorreu o episódio envolvendo a aquisição da Refinaria de Pasadena, no estado norte-americano do Texas. Caso nele estivesse, provavelmente não aprovaria a compra da usina, que se revelaria depois um dos negócios mais absurdos da história da companhia. Faço questão de ressalvar, entretanto, que a forma como os projetos foram apresentados ao conselho não primava por um *disclosure* adequado.

Primeiro, escolheram o sócio errado – a belga Astra Oil, que, dentro da filosofia de uma *trading*, atua num raio de visão de curto prazo, tendo adquirido Pasadena por US$ 42,5 milhões, contra os US$ 360 milhões desembolsados pela Petrobras por 50% da refinaria em 2006. Em segundo lugar, eles concederam à empresa o direito de recorrer à arbitragem internacional caso houvesse desacordo entre as partes societárias. E isso de fato aconteceu, dois anos depois, porque a Petrobras insistia em fazer um *revamp* na usina, elevando sua capacidade de 100 mil para 200 mil barris/dia. A belga, em seu perfil imediatista, aproveitou a oportunidade para aplicar a cláusula contratual. E pediu a arbitragem, que se deu em Nova York. A decisão judicial, soberana e da qual não cabia nenhum recurso, obrigou a empresa brasileira a comprar a participação da Astra, no valor de US$ 850 milhões. Resumo da ópera: aquela refinaria velha, obscura, acabou custando 30 vezes mais que o valor pago pelos belgas!

Só restou então ao Conselho de Administração, do qual eu já participava, ratificar o disparatado montante imposto pela arbitragem. Numa reunião do colegiado com Guido Mantega, propus, a sério: "Ministro, quero sugerir, constando em ata, que seja formada uma comissão para redigir um manual de como não fazer um mau negócio dentro da companhia – a compra de Pasadena é um exemplo típico de má gestão".

Outra proposição minha, datada de 2015, desta vez por escrito à presidente Graça Foster, foi no sentido da criação da figura de um diretor de Compliance, destinado a fiscalizar os processos da Petrobras. A sugestão para inibir práticas irregulares foi acatada pelo Conselho de Administração e culminou na implementação da Diretoria de Governança e Conformidade, capitaneada por João Adalberto Elek Júnior, um profissional escolhido no mercado. Ele já assumiu o posto numa posição blindada, em que, para ser exonerado, deveriam concorrer dois terços dos votos do Conselho de Administração e pelo menos o de um membro dos minoritários – uma combinação um tanto difícil de acontecer.

—▪—

COM A PETROBRAS já mergulhada em denúncias, Dilma Rousseff teve um desentendimento com Graça Foster, e a então presidente da estatal, acompanhada de cinco membros da Diretoria, renunciou ao cargo. Graça estava extremamente desgastada, numa posição na qual era surpreendida a cada hora com informações desabonadoras sobre colaboradores da companhia. Eu, particularmente, acho que Graça Foster está absolutamente isenta no tocante às falcatruas na companhia. Dilma deslocou então o presidente do Banco do Brasil, Aldemir Bendine, para a Petrobras, e designou um novo diretor financeiro, também do BB, para o mesmo cargo na companhia petrolífera.

Estávamos em fevereiro de 2015, e comuniquei em carta a minha intenção de não ser reeleito para o conselho, que havia se tornado uma delegacia de polícia. Expliquei que aqueles assuntos vinham me tomando um tempo exagerado, até porque os caudalosos documentos que me eram encaminhados tinham caráter confidencial – portanto eu não podia nem sequer contar com uma assessoria para fazer uma leitura prévia e me entregar um resumo daqueles trabalhos de 200, 300 páginas. Mas o presidente pediu encarecidamente minha permanência.

Propus então que, como eu havia escrito uma carta com o objetivo de não ser reeleito, ele redigisse outra solicitando que eu ficasse – embora o tenha avisado que permaneceria apenas por mais dois ou três meses. Foi o que ocorreu. Eis que, no dia da assembleia, um conhecido meu, presente ao evento, me liga, avisando que meu nome havia sido retirado da lista pelo novo presidente – hoje amargando processo e na prisão – sem consulta a mim. Fiquei indignado e concedi uma entrevista à *Folha de S. Paulo*, reclamando de forma enérgica sobre o comportamento do presidente, pois pareceu que eu havia sido vetado, quando, na verdade, partira de mim a iniciativa de sair do Conselho de Administração.

Em meio ao imbróglio, Ivan Monteiro – então diretor da área financeira e que viria a substituir Pedro Parente na presidência da companhia –, um homem de valor e por quem nutro apreço, me disse que Bendine iria me telefonar. Respondi que ele não fizesse isso, porque eu não o atenderia. E contei a situação indecorosa pela qual eu havia passado e que acabou por não me reeleger. Era o que eu realmente queria, mas que ocorresse de uma forma correta. Com a deflagração da Lava Jato, começaram a surgir notificações e intimações de diferentes órgãos não apenas a mim, mas a todos do conselho. Por exemplo, um questionário da CVM com 24 perguntas sobre assuntos relacionados à Petrobras. Ou inquirições do TCU. Enfim, demandas que me consomem um tempo enorme. Sigo, contudo, achando que a Petrobras vale a contribuição de cada brasileiro e não me arrependo do esforço que cedi para a companhia. Mas confesso que a experiência me deixou marcas nada agradáveis. De modo que, escaldado pelo traumatizante episódio, não participarei mais de conselhos de administração de empresas abertas. Voltei a dedicar-me em tempo integral à vice-presidência da FGV, em regime *pro bono*.

Em 1966, Itaipava era um pacato lugarejo, nem em sonhos parecido com o hoje destino mais disputado da serra fluminense, com pousadas, lojas e restaurantes sofisticados. Tínhamos nos casado há pouco tempo, os filhos ainda bem pequenos, e gostávamos daquela região, seu clima e tranquilidade. Decidimos então comprar uma propriedade no local. Depois de algumas buscas, encontramos um sítio na Fazenda Manga Larga, que atendia bem à nossa expectativa: espaçoso, com piscina, espaço para o futebol, sauna, salão de sinuca e jogos, enfim, tudo de que as crianças pudessem precisar como divertimento! Também havia instalações para cavalos! E, durante anos, nossa diversão preferida em família foi sair a passeio aos sábados pela manhã, pelas estradinhas de terra batida, sem hora para voltar! Nossos filhos, ainda bem pequenos, aproveitaram muito os tempos que lá passamos, sempre cercados dos amiguinhos mais chegados, que ficavam conosco de dezembro a fevereiro! Subíamos todos no primeiro dia de férias e só descíamos no último! Eu, com todas as minhas responsabilidades, descia às segundas, subia uma vez às quartas-feiras, e passava os fins de semana com eles. Era uma alegria só! Fizemos grandes amizades em Itaipava! Tão importantes que batizamos os filhos de alguns amigos de lá. Além das brincadeiras com a criançada durante os dias, piscina, futebol, escaladas, saíamos todos os sábados para jantar fora nos restaurantes da moda. A expansão urbana, a construção de uma grande estrada (BR-040) e o crescimento dos arredores foram impedindo aqueles longos passeios e nos "expulsando" de lá. A rodovia BR-040 já estava passando praticamente na porta da Manga Larga! Itaipava ficara "civilizada" demais para nosso gosto!

Em 1977, resolvemos vender o sítio e procurar uma região mais tranquila, em que pudéssemos voltar a desfrutar das cavalgadas livremente. Decidimo-nos por uma propriedade grande, de mil hectares, em Paraíba do Sul, também município fluminense, ao lado da igreja Bom Jesus de Matosinho. Não havia sequer casa naquela antiga área cafeeira, abandonada desde a crise no setor, na década de 1920. Na denominada Fazenda Paciência, não tinha uma árvore em pé, só uma birosquinha, que guardava um microcomércio. Mas vicejava uma riqueza de água absolutamente excepcional, o que faz toda a diferença para o desenvolvimento de cultivos e criação de animais.

Durante a construção da sede, passamos meses acampados no meio do mato. Titina e eu, numa casinha de pau a pique adaptada do antigo engenho. Nossos quatro filhos ficavam, numa farra danada, alojados numa enorme barraca do Exército dada por um tio. Aos poucos, com muito empenho e dedicação, a fazenda ia tomando corpo. Executamos seis represas e iniciamos o plantio de árvores. Entre as novas edificações, fiz questão de que figurasse a capela São Francisco de Assis, em homenagem ao padroeiro dos animais e, também, a meu saudoso pai, homônimo do santo. Era meu pai que retornava, dessa vez como protetor da minha família, em lugar especial no coração da nossa terra.

Com o passar do tempo e a revelação do talento de Titina para a administração da fazenda, fomos buscando formas de não apenas torná-la autossuficiente, como também rentável. Além do reflorestamento, desenvolvemos uma estrutura produtiva com quase mil cabeças de gado Nelore para venda, 300 mil pés de eucalipto destinados ao fornecimento de madeira para cercas e entre 40 e 50 toneladas de tilápias comercializadas por ano entre os estabelecimentos da região. E o mais importante: nossos relaxantes passeios a cavalo não só puderam ser retomados como agora duravam uma eternidade em meio àquele paraíso sem fim de mata atlântica. Titina, com seu zelo e capricho, foi a responsável pelo avanço das nossas atividades empresariais, em sintonia com a preservação do meio ambiente. Costumo brincar dizendo que ela já era ambientalista antes de o tema ganhar vulto. Nós chegamos ao detalhe de espalhar placas nos caminhos de paralelepípedo, alertando para a presença de crianças e para que não se jogasse papel no chão – essas sinalizações são incomuns em fazendas.

Titina trouxe o lustro e, logo depois, as flores. Ela voltou de uma viagem ao Canadá encantada com o extraordinário Butchard Gardens, na ilha Victoria, ao largo de Vancouver. Foi quando teve a ideia de construir jardins na fazenda. A partir da limpeza de uma área de 50 mil metros quadrados imprópria à lavoura ou à pastagem dos animais, afloraram pedras belíssimas, roladas das montanhas séculos atrás. E Titina começou a plantar flores em torno delas. O resultado foi tão espetacular que a estimulou a fazer mais composições paisagísticas em outros espaços da fazenda. Os jardins faziam tanto sucesso que diversas moradoras da região passaram a pedir para tirar fotos vestidas de noiva no meio das flores. Titina, envolvida com aquele mundo de beleza e perfume, teve uma epifania: o casamento da nossa Fazenda Paciência com a Gardens for Charity, uma entidade inglesa que credencia belos jardins particulares no mundo todo à visitação pública. A condição é de que haja cobrança de ingressos e que a renda obtida se reverta a obras de caridade. Nós, então, nos candidatamos a participar desse circuito internacional. Um dia, aparece um biólogo inglês na fazenda para verificar se nossos jardins reuniam as condições para ingressar no seleto roteiro da Gardens for Charity. Ficou encantado com o que viu, conforme, sem nenhuma modéstia, já imaginávamos.

Conversa vai, conversa vem, o assunto com o biólogo enveredou também para os animais. Comentamos que ali existiam muitas espécies interessantes, como o lobo-guará. E o inglês, incrédulo: "Os senhores vão me desculpar, mas o lobo-guará está extinto há um longo tempo no Rio de Janeiro". Por incrível que pareça, nesse exato instante atravessa um lobo-guará bem a nossa frente. O biólogo, maravilhado, filmou e fotografou o bicho, cujas pernas longas e finas e a pelagem avermelhada lhe dão uma aparência inconfundível. E nossos jardins foram os únicos, além de uma meia dúzia projetada por Burle Marx, a entrar na lista da Gardens for Charity, no estado fluminense.

Nesse paraíso floral tínhamos também o prazer de conviver com uma abundante passarinhada, seu canto, suas cores brilhantes. Os pássaros, como dizem os poetas, são filhos diletos de Deus. Entre 2009 e 2014, nossos netos mais novos, Antônio e João, assessorados pelo conceituado ornitólogo José Fernando Pacheco, fizeram uma série de fotos em incursões pelas matas da Paciência. Uma seleção delas – catalogaram-se 227 espécies! – compôs um livrinho com

200 lindas imagens, distribuído entre todos os amigos da família, por ocasião de nossas bodas de ouro, em 5 de junho de 2015.

—▪—

AO LONGO DAS últimas quatro décadas, invariavelmente, Titina e eu percorremos de carro os 160 quilômetros porta a porta entre nossa casa do Rio e a de Paraíba do Sul, todos os finais de semana. Na maioria das vezes, os filhos, que adoravam a fazenda, nos acompanhavam. Diga-se de passagem, eles nunca passaram por aquela fase em que os jovens dispensam a companhia dos pais, preferindo ir para as noitadas. Pelo contrário, a casa na serra vivia cheia dos amigos deles – até o carnaval gostavam de brincar lá mesmo, nos clubes do interior. Depois, complementando a festa, vieram também os netos. Foram, em suma, anos e anos de uma harmoniosa convivência no nosso paraíso, preferencialmente em torno de um bom vinho – comprado sempre por Titina, que pesquisa o assunto, assina revistas especializadas e está sempre descobrindo novas safras.

Há algum tempo, porém, vínhamos amadurecendo a ideia de vender a fazenda. Passados 40 anos, Titina e eu já não tínhamos mais a mesma disposição física para administrar toda a pesada demanda de uma propriedade daquele porte. E nossos filhos a amavam, de fato, mas como recreação e lazer. Nenhum deles guarda vocação para cuidar realmente de uma imensa área produtiva, cuja manutenção exige muita entrega e trabalho árduo.

Em 2017, finalmente, meu estado de saúde acelerou a decisão de nos desfazermos dela. Sofri uma delicada intervenção cirúrgica, ocasionada por endocardite – uma bactéria que se instalou no músculo cardíaco. Foi uma operação tão violenta que todos os quatro médicos que cuidaram de mim – depois eles me contariam – acreditavam que eu não sairia vivo (eu mesmo, confesso, estava certo de que não escaparia). Após oito longas semanas de internação e graças à eficiência e dedicação de uma fantástica equipe médica, voltei à vida normal para contar a minha história. Mas bati definitivamente o martelo em relação à venda da fazenda, fechada, afinal, em dezembro de 2017.

No último dia em que estivemos lá, como esperado, houve uma comoção geral. Filhos, netos, funcionários, todos, enfim, choravam. Fizeram todas as fotografias possíveis e imagináveis – as crianças escalando montanhas, fisgando peixes, tirando leite da vaca. Queriam guardar de recordação as derradeiras imagens da terra onde fomos tão felizes. E que deixa muita saudade. Mas, acredito, foi um ciclo que se cumpriu plenamente. A Fazenda Paciência, em nossa memória, nos pertence para todo o sempre.

35. Dor

Estávamos nos idos de julho de 1978. O dia havia começado como outro qualquer, em meio à rotina da fazenda que eu comprara um ano antes, em Paraíba do Sul. Tinha madrugado e ido bem cedo para Vassouras, visitar os Avelinos, uma família influente no interior do estado do Rio de Janeiro. O patriarca, já falecido, iniciou a vida transportando burros. Um belo dia, Avelino encantou-se por uma moça pertencente a uma família de posses, que não aceitava de jeito nenhum o namoro dos dois. Ele então teve a brilhante ideia: raptou a jovem e buscou abrigo na fazenda de meu avô, no mesmo município. Não saberia dizer o tipo de vínculo então existente entre ambos, se é que existia algum. Mas Avelino foi de pronto acolhido pelo meu avô, ficando eternamente grato pelo milagroso esconderijo em circunstância tão encalacrada. Eu mal o conhecia naquele momento em que começamos nossa conversa.

Coincidentemente, meu vizinho na fazenda recém-adquirida, dr. Octavio Thyrso Cabral de Andrade, ficara muito ligado aos Avelinos, que àquela altura haviam se transformado em grandes latifundiários do interior fluminense. Pouco a pouco, o ex-comerciante de burros fora criando um império de fazendas coloniais belíssimas, a ponto de tornar-se o maior produtor de leite do estado do Rio, alcançando uma produção de mais de 5 mil litros por dia! Quando cheguei, o imperador rural, para meu espanto, estava sentado numa cadeira de rodas. Ao avistar-me, ele se levantou lentamente, com visível esforço, e veio me cumprimentar: afinal, eu era neto de quem o socorrera em um momento dificílimo. Não podia esquecer o gesto da mão estendida anos e anos atrás. Mostrava-se completamente tomado pela emoção.

Passada a constrangedora cena, confabulamos trivialidades. Naquele ambiente modorrento, de conversa fiada, jamais poderia imaginar que estava prestes a sofrer uma das mais lancinantes dores de que um homem pode ser acometido: a dor de um pai pela perda de seu filho – a fina lâmina de um punhal perfurando coração e alma.

Retornei à Paciência. Ao ver Titina em desespero, gritei para dentro de mim, sem som, só fúria. O golpe foi devastador, profundo, contra as leis da natureza. Os pais precisam desesperadamente morrer antes dos seus filhos. Aquilo não poderia ser verdade. Meu querido Serginho, então com 11 anos – fanático pela nossa fazenda, um pequeno peão sempre imerso nas tarefas dos nossos funcionários –, acabara de sofrer o acidente que lhe ceifou a vida. Ao tentar pular de um trator que estava puxando calcário para uma carreta, caiu de cabeça sobre um eixo de ferro que encaixava o veículo na carroça. Eu e Titina, que estava sozinha na fazenda na hora da tragédia, ainda o colocamos no carro e partimos voando para o hospital de Três Rios, município vizinho a Paraíba do Sul. A viagem durou milênios insuportáveis. Serginho, contudo, não resistiu ao violento impacto. Chegou morto ao hospital.

Durante um longo tempo, essa cena indescritível esteve presente em nossa casa, como se fosse uma ponteira permanente esfolando os corações, Permanecíamos sem ar, em estado de afogamento frente a uma lembrança que doía e acalentava ao mesmo tempo. Pensar nele, de certa forma, era tê-lo um pouco de volta. Os três irmãos, Antônio Carlos, Ana e Marcelo, não tinham assistido ao acidente, ainda bem. Mas sentiam o abalo e a ferida da perda. E assim foi pelo tempo que tinha de ser. Voltar à tona era imperativo. Tínhamos nossos outros meninos. Em nenhum momento consideramos não mais retornar à fazenda. Estavam lá vívidas as dores daquela hora inominável, mas também algumas das melhores imagens da nossa maravilhosa convivência. Enfrentamos com coragem e união o regresso ao nosso pedacinho de mar florido na serra, com os extensos campos que Serginho amava cruzar a cavalo.

O tempo transcorria, nem sempre para o bem, nem sempre para o mal. Agoniado por ver a dor silenciosa de minha mulher, no sofrimento indizível de mãe pranteando seu filho, imaginava formas de amenizar aquele terrível desconforto. Titina, o melhor pedaço de mim. Passados cinco meses da tragédia, quase às vésperas do aniversário dela, pensei em presenteá-la com vida: sim, com a possibilidade de reproduzir a vida. Lembro-me bem: Titina estava cabisbaixa na varanda de casa, perdida em seus pensamentos, quando parou um caminhão à sua frente, com um belíssimo garanhão preto. "O que é isso?", perguntou, surpresa. "Isso é seu presente de aniversário. Agora você precisa começar a entender mais profundamente do assunto, porque vamos começar uma criação de cavalos", respondi. Em um átimo, ela recobrou seu semblante de beleza serena, expressando nos olhos molhados sua compreensão sobre o significado do presente. Em meio à saudade e à dor, a vida continuaria cheia de seiva dali em diante. Em tempo: a criação tornou-se um sucesso, ganhando muitos prêmios em exposições pelo Brasil ao longo de 25 anos.

Nosso primeiro neto (atualmente com 24 anos), filho do primogênito Antônio Carlos, foi batizado de Sergio Luís em homenagem ao tio que havia nos deixado tão cedo. Aos poucos, o tempo seguiu desempenhando seu papel cicatrizante, aplacando as feridas que pareciam indeléveis. Hoje, prevalecem as lembranças do menino levado da breca, nosso "fazendeirinho", apaixonado pelo nosso paraíso. A adoração pela fazenda era tal que, muitas vezes, ele nem ia à sede almoçar conosco. Comia lá mesmo, na marmita, junto com os trabalhadores, orgulhoso por se sentir um deles. Não teve tempo para comandar aquela terra. Tornou-se, como no título do poeta Carlos Drummond de Andrade, um fazendeiro do ar.

—▪—

A GRANDE COMPENSAÇÃO que Deus nos deu pela perda do Sergio foram as imensas alegrias que os outros filhos sempre nos proporcionaram. Uma das coisas que nos deixa, a mim e a Titina, mais felizes – e com a tranquilidade do dever cumprido – é o fato de se relacionarem muito bem entre si. Embora com personalidades completamente distintas, jamais houve disputa ou competição em casa, como não raro acontece nas famílias. E optaram também por profissões diferentes uns dos outros. Nunca permiti que nenhum deles trabalhasse – nem sequer estagiasse – comigo, qualquer que fosse a empresa ou instituição. Sempre achei que essa não seria uma boa forma de criá-los. Eles tinham de aprender a viver uma vida independente, com apoio, sim, mas sem a cobertura em tempo integral do pai. E tenho a certeza de que tanto eu quanto eles consideramos que essa foi a decisão mais sábia.

Antônio Carlos, o primogênito, nascido em 1966, enquanto estudava economia na PUC-Rio, estagiou na Lecca Financeira, dirigida por Luís Eduardo da Costa Carvalho. Sempre muito estudioso, casou-se cedo com uma linda e talentosa jovem e, logo depois, embarcou para a Inglaterra, a fim de cursar pós-graduação na London Business School, equivalente, na área econômica, ao norte-americano Massachusetts Institute of Technology (MIT). E ficou morando por um bom tempo na capital inglesa, onde nasceu seu primeiro filho, Sergio – como mencionei, em homenagem a Serginho, nosso menino falecido na fazenda. Discretíssimo, *workaholic* e sempre precoce, Caco (como o chamamos carinhosamente na família) tem no seu currículo uma belíssima carreira na área financeira. Não bastassem os predicados profissionais, sempre se distinguiu no esporte, com premiação nacional e internacional no hipismo, além de ter sido exímio esquiador na juventude. Mora em São Paulo e tem como filhos, além de Sergio, Luísa (23), formada em publicidade, e Pedro (18), que está cursando a *high school* na Califórnia (EUA). Netos que nos dão tantas alegrias quantas nos deu o pai.

Ana Cristina, nossa menina, cedo revelou o espírito independente e o talento para as artes. Aos 16 anos, decidiu estudar na Suíça. Depois de muito pesquisar, escolhemos uma escola em Lausanne, perto de Genebra – onde morava um casal amigo, o embaixador Paulo Nogueira Batista e sua esposa Elmira –, que parecia se encaixar mais no perfil libertário dela. Ana ficou dois anos lá, voltou ao Brasil e passou brilhantemente para a Faculdade de Direito, também na PUC-Rio. Transcorridos os primeiros seis meses, porém, seu perfil anticonvencional falou mais alto. Viu logo que não queria passar a vida debruçada sobre leis. Resolveu trancar a matrícula e assumir de vez a vocação artística. E foi estudar fotografia em Boston, Massachusetts. Ela se encontraria profissionalmente na arte de capturar as imagens e reproduzi-las em uma realidade mágica, tornando-se uma reconhecida fotógrafa de arte, com inúmeras exposições realizadas no Brasil e no exterior. Todas as belas fotografias espalhadas por nossa casa são de autoria dela. Ana se casou com um rapaz muito talentoso do meio artístico. Eles têm dois filhos geniais, excelentes estudantes, muito aventureiros, observadores de pássaros e, puxando à mãe, craques com as lentes. João (16) e Antônio (14), que estudam no tradicional colégio carioca Santo Inácio e são motivo de grande orgulho para os avós.

O caçula, Marcelo, após formar-se em engenharia com aproveitamento excepcional, também pela PUC, fez mestrado no prestigioso Massachusetts Institute of Technology (MIT) – recebeu bolsa de estudos integral desde as primeiras avaliações de desempenho. Trabalhou na companhia japonesa Ishikawajima do Brasil Estaleiros S/A (Ishibras), em Niterói (RJ), e ficou muitos anos na Google, em São Francisco (EUA). Assim como o irmão, casou-se cedo com uma linda e também talentosa colega do Santo Inácio, onde ingressou ainda na alfabetização. Além de uma cabeça privilegiada, mostrou uma maturidade impressionante quando se dispôs a ser levado em meu lugar no episódio do sequestro por que passou e jamais deixou transparecer o menor sinal de que aquela violência absurda o tivesse traumatizado. Atualmente, dirige o escritório de uma empresa americana de programação automatizada para ciclistas, no Leblon. É pai de Cecília (15) e Guilherme (12), que, a exemplo dos primos, estudam igualmente no Santo Inácio. Lindos, aplicados alunos, tanto no colégio quanto nas aulas de piano, nos proporcionam enormes alegrias.

Como a família é grande e nem todos moram na mesma cidade, fica difícil reunir o núcleo inteiro com a frequência de que gostaríamos. Porém, de um ritual em família não abrimos mão: dia de Natal é sagrado! De onde estiverem, eles vêm almoçar em nossa casa. Essa data é especial, repleta de simbolismo e de sentimentos de amor e fraternidade. Fazemos questão de celebrar todos juntos. Assim, renovamos os inquebrantáveis laços de compreensão e afeto que, geração após geração, sempre nos uniram em profundidade.

36. Sequestro

Nossa vida em família foi aos poucos retomando a normalidade possível após a morte de Serginho. A Fazenda Paciência crescia a olhos vistos, com as novas edificações, o reflorestamento, os variados cultivos e a criação de animais. Como de hábito, comparecíamos todos os finais de semana ao nosso pedaço de paraíso. Naquele que se tornaria inesquecível para toda a família, nos idos de outubro de 1992, não fora diferente. Até porque seria um feriado prolongado: na segunda-feira seguinte, 12, era dia de Nossa Senhora de Aparecida. Seguimos para a fazenda animados com nossa convivência familiar, fruto de muito amor e apoio mútuo nos momentos difíceis.

O dia havia transcorrido na tranquilidade de sempre, com os longos e infalíveis passeios a cavalo e as tarefas normais de supervisão das atividades produtivas – o que invariavelmente correspondia a um fim de noite convidativo ao descanso. Nada a indicar que estávamos novamente na iminência de enfrentar outro momento dramático na nossa Fazenda Paciência. Já era madrugada alta quando acordamos sobressaltados com as batidas nervosas de nosso filho caçula, Marcelo, na porta do nosso quarto. Ele havia acabado de chegar com um grupo de amigos de um dos bares de Paraíba do Sul. Naquela época não tínhamos segurança. Marcelo batia com força: "Papai, abre que o negócio é sério". Tinha sido rendido por nove bandidos de tocaia, armados de metralhadora.

Atônito, ao me deparar com os marginais, percebi que o alvo era eu. A situação carregava um complicador adicional. Eu tinha saído de uma cirurgia seis meses antes para colocação de pontes de safena no coração. Para minha surpresa, Marcelo, então com 19 anos, revelou uma maturidade precoce naqueles minutos atordoantes. Achando que eu não resistiria à pressão de um cativeiro, ponderou: "Não adianta sequestrá-lo, porque quem tem dinheiro para pagar o resgate é meu pai. Melhor eu ir no seu lugar, e vocês negociam com ele". Um ato de coragem que parecia emanar das páginas da literatura. Era bastante sensato, não fosse o meu filho. Não há sensatez que coloque um filho em risco. Tentei relutar. Mas Marcelo se mostrava intransigente. Sabia da minha fragilidade naquela circunstância. Transcorridos séculos de tensão insuportável, o chefe dos criminosos comprou a sugestão. Rasgaram os lençóis e nos amarraram para que não pudéssemos telefonar logo para a polícia. E saíram com Marcelo na mala do carro.

O tempo parecia ter parado para sempre naquele instante. Mas quem dera. Seguiu-se um tormento infernal de 49 dias, sem que tivéssemos certeza absoluta, à exceção de umas poucas circunstâncias, se nosso filho estava vivo ou não. O sequestro é a tortura mais ignominiosa que existe. Um sequestro de um filho é tão brutal que não cabe em palavras. Ingressamos, então, em um carrossel dos horrores, com telefonemas dos sequestradores, conversas com a polícia que levavam o dia inteiro, reportagem no *Jornal Nacional*, filhos, parentes e amigos sofrendo juntos. Embora eu pretendesse tratar do assunto da forma mais reservada possível, por temer a reação dos raptores, o vazamento de informações fez a notícia ganhar enorme destaque na grande imprensa. Chegaram a exibir imagens da fazenda feitas de helicóptero. Parênteses: para fazer justiça, não posso deixar de assinalar a correção dos jornalistas Ancelmo Gois e Marcos Sá Corrêa, que, então, trabalhavam na *Veja*. Eles me procuraram, na época, para realizar uma série de entrevistas, que culminaram numa ampla e honesta cobertura sobre o traumático episódio. Sofreram junto conosco como se fossem da família, contritos, com enorme honestidade profissional. Por convite de ambos, assinamos, eu e Titina, uma coluna sobre como enfrentamos a agonia do sequestro. Saiu em destaque em uma página azul da revista.

Não há dor que fira mais do que a do pensamento obsessivo sobre a sobrevivência de um filho. Um pensamento em carne viva. Havia dias em que os sequestradores ligavam 10, 15 vezes, de orelhão em orelhão para despistar a polícia, e nos intimidavam com frases curtas e ríspidas. Ou pior, chegaram a ficar três semanas sem nos telefonar, instigando o medo tenebroso que é a alma do sequestro. Insistiam em pedir nada menos que US$ 10 milhões de resgate, um volume de dinheiro impossível de se entregar em espécie. Mandavam vídeos em que ameaçavam espancar e até matar o Marcelo. Confesso que, no desespero de pai, fui por minha conta e risco procurar meu filho nos lugares mais absurdos e perigosos.

Nesse período martirizante para toda a família, recordo com especial carinho e gratidão do padre Laércio Dias de Moura, então reitor da PUC-Rio. Todo santo dia, fizesse sol ou chuva, lá vinha ele, percorrendo a pé o íngreme trajeto de 500 metros entre a universidade, na Gávea, até nossa casa, no Leblon. Ele rezava para nos confortar. Cumpriu religiosamente esse ritual durante os intermináveis 49 dias em que Marcelo permaneceu no cativeiro. Acho que todo o episódio, e em grande parte devido ao padre Laércio abriram em mim uma fresta para a religiosidade que até então nunca se manifestara. Por mais agnóstico que tivesse sido, naquele momento descobri que Deus estivera conosco o tempo inteiro.

—■—

ATÉ CHEGARMOS A um valor de resgate factível, foi uma penosa e extenuante negociação, que contou com a valiosa ajuda do major Maurício Garcia, do setor de Inteligência do Exército, e de Talvane de Moraes, psiquiatra forense, especialista em lidar com bandidos. Talvane passou a vir à nossa casa todos os dias, a fim de ouvir as ligações do chefe da quadrilha, que se autodenominava "Jorge". E inferiu, pelo linguajar, que o bando era inteiramente formado por ex-presidiários. Na condição de profissionais do crime, estariam somente buscando o dinheiro. Uma boa notícia naquelas condições, pois meliantes inexperientes eram capazes de atingir a vítima por qualquer motivo. Talvane notou também que o chefão tinha uma ligação forte com a mãe. Ele sugeriu que contratássemos uma atriz para interpretar o papel de mãe do Marcelo. Até aquele momento as tratativas ao telefone eram feitas por mim. O propósito da substituição por uma voz feminina era dobrar o coração do meliante. Entretanto, Titina, muito determinada, quis ela mesma dialogar com o delinquente. Muito jeitosa, trouxe a conversa para o terreno emotivo. "Coloque-se no meu lugar, o que sua mãe faria se estivesse com o filho preso?", tentava desarmá-lo. Porém, toda vez que minha mulher falava de uma forma mais sentimental, ele desligava no ato. "Jorge" a respeitava, nem palavrão dizia. E nitidamente se sentia desconfortável em falar com a mãe do sequestrado.

Quando, afinal, fechamos um acordo, "Jorge" nos mandou alugar uma suíte no motel Champion, na BR-116 (Via Dutra), para aguardar sua ligação, informando as coordenadas para a libertação de Marcelo. Fomos na companhia do major Garcia, que durante as tratativas havia se tornado próximo a nós. Naquela angústia que parecia infindável, o tempo se arrastava, penosamente. Até que, às quatro horas da manhã, o telefone tocou. A ordem era de que deveríamos pegar a Dutra com as luzes internas do carro acesas, a uma velocidade máxima de 40 quilômetros, e parar num ponto predeterminado. Orientações obedecidas, seguíamos na estrada quando, de repente, outro veículo nos fecha antes do local marcado, e salta um sujeito gritando: "A mala, a mala!". Não faltava mais nada: um assalto, pensamos, atemorizados. Só faltava esse infortúnio: assaltantes roubando o pagamento do sequestro. Mas, para nosso alívio, eram os sequestradores mesmo. Titina reconheceu de imediato a voz do "Jorge", que, dirigindo-se a ela, surpreendentemente declarou: "Quero dizer à senhora que foi uma honra conhecê-la!". Um filme de Hitchcock com uma pitada de neorrealismo italiano.

Com o dia já claro, por volta de sete horas, Marcelo, ileso, estava finalmente solto na serra das Araras. Depois, meu filho contaria que não fora mesmo maltratado. O sujeito encarregado de tomar conta dele, sem ter outra coisa a fazer, ficava o tempo todo talhando esculturas em madeira. Simpatizando com sua vítima, cismou que Marcelo deveria, quando libertado, levar uma imagem de Jesus Cristo que ele tinha feito. "Poxa, você faz uma maldade sem tamanho com a minha família e ainda quer que eu leve o Cristo para casa?", disse Marcelo, que recusou o presente.

A GRANDE DECEPÇÃO VEIO quando soubemos que quem tramara o sequestro fora uma antiga e dedicada babá do Marcelo, que cozinhava muito bem. E foi justamente no botequim da moça, frequentado pelos bandidos, que o crime começou a ser urdido. Durante o cativeiro de Marcelo, nós ficávamos impressionados com a quantidade de informações que o bando demonstrava a nosso respeito. A polícia nos precavera para não aceitarmos o primeiro valor proposto pelo resgate. Era imperativo não se afobar, cercar-se de mais segurança. A quadrilha precisava sentir que esgotara todas as possíveis fontes de recursos da família. Então, a cada telefonema deles, oferecíamos um dado novo. Por exemplo, informamos que vendemos todo o gado para obter recursos. Eles mantinham olheiros na fazenda. Viram sair de lá mais de 20 caminhões cheios de bois. Depois, falamos que conseguíramos reunir certa quantia de dólares. "Vende aquela coleção de santos antigos da casa do Rio", contrapunham. Mas como sabiam da coleção? Nem de longe desconfiávamos que as informações partiam de uma ex-funcionária, a quem muito estimávamos!

Todos eles acabaram julgados em Paraíba do Sul e condenados a 30 anos de prisão (mas, como nosso sistema penal liberta o detento após o cumprimento de um sexto da pena, cinco anos depois estavam soltos na rua). Com os bandidos atrás das grades, a polícia nos deu o sinal verde para regressar ao Rio. Findo o suplício, ainda extremamente assustados, pensamos até em morar fora da nossa cidade. Marcelo, porém, deu o contra. Corajoso, foi, de todos nós, o que menos se deixou abalar pelo violento trauma sofrido. De seus ainda verdes 19 anos, protagonizou uma lição admirável de bravura e superação.

—▪—

NÃO POSSO DEIXAR de ressaltar que os nossos outros dois filhos, Antônio Carlos e Ana Cristina, tiveram uma participação muito intensa e importante em todo esse episódio. Antônio Carlos, na época já casado, estava morando em Londres, onde iniciava, com o curso de mestrado, uma brilhante carreira profissional no setor financeiro. Ainda assim, deixou nossa nora sozinha lá por várias vezes, quando vinha ao Rio acompanhar mais de perto o desenrolar dos acontecimentos e nos dar o apoio de que tanto precisávamos naquele momento. Voltava sempre para a Europa horrorizado com as dificuldades que todos em casa enfrentávamos!

Ana Cristina, com seu imenso coração, alma de artista e enorme capacidade de relacionamento, cuidou o tempo todo para que nunca estivéssemos sozinhos em nossa ansiedade! A casa estava sempre cheia de amigos nossos e de Marcelo, muitas vezes passando as noites em vigília, uns deitados pelos sofás da casa e, quando eram muitos, até espalhados pelos gramados do jardim! Além disso, a Ana também procurava cuidar da infraestrutura, como comidas e bebidas para tantas pessoas, já que nós passávamos todo o tempo ligados ao telefone.

Mas não só os mais chegados nos prestaram a mais completa solidariedade. Não posso esquecer, também, de um gesto que muito nos emocionou no período que antecedeu a captura dos marginais. Quando Marcelo foi solto, no final de novembro de 1992, a polícia nos recomendou que ficássemos algum tempo fora do Rio. Como nosso neto mais velho, filho de Antônio Carlos, estivesse prestes a nascer, fomos passar uma temporada em Londres com toda a família. Na antevéspera do Natal, um telefonema nos surpreende. Era o embaixador do Brasil na capital britânica, Paulo Tarso Flecha de Lima, que, sabedor do sequestro, nos convidava a almoçar com ele, a esposa, Lúcia, e os filhos no dia 25 de dezembro. Foi uma atitude de extrema delicadeza.

—▪—

ESSE PROCESSO DE SOFRIMENTO indescritível me levou a buscar uma forma de contribuir para o combate ao crime de sequestro. Cheguei ao modelo do Disque-Denúncia, um serviço telefônico de apoio ao trabalho policial que recebe ligações 24 horas por dia, com queixas de cidadãos anônimos sobre crimes e irregularidades. A dolorosa experiência estava a me demonstrar que os locais de cativeiros nunca seriam estourados sem a colaboração da vizinhança. Os moradores do entorno é que sentiam uma movimentação anormal e podiam identificar os indícios de sequestros. Marcelo disse que ficou trancafiado numa casinha de dois quartos, em Cabuçu, distrito do município fluminense de Nova Iguaçu. Claro que as pessoas da comunidade notavam um vai e vem estranho só de homens, janelas permanentemente fechadas – e não sabiam o que fazer com aquilo.

Aconselhado por um amigo, convidei o criador do chamado Crime Watchers em Chicago (EUA) para vir ao Brasil assessorar-me na formatação de uma congênere. Após 10 dias de pesquisas aqui, o norte-americano produziu um relatório com uma série de sugestões. A principal era que o Disque-Denúncia, como traduzi a expressão original – nome que minha Titina achava ter uma conotação negativa, mas que acabou pegando entre a população –, não deveria pertencer à polícia. O melhor modelo era constituir uma entidade privada, capaz de receber a delação sob garantia de anonimato (e, às vezes, a contrapartida de uma recompensa em dinheiro) e reencaminhá-la a duas ou três áreas do governo. Assim, ninguém se tornaria dono exclusivo da informação, evitando-se o desvio de suas verdadeiras finalidades.

O Rio era uma praça de sequestros seguidos. A forma mais cruel de delinquir parecia ter se tornado a predileta dos marginais. Reuni um grupo de empresários para bancar o projeto, que funciona até hoje, conduzido por Zeca Borges, egresso do mercado financeiro. E funciona com muita eficiência. Nunca quis integrar a diretoria do Disque-Denúncia, pois, do contrário, não faria outra coisa senão lembrar o tempo todo do sequestro do meu filho. Mas guardo a satisfação de ter contribuído para o fim de raptos em prolongados cárceres privados no Rio de Janeiro.

37. Viagens

Além das viagens que fazíamos a sós, Titina e eu – em geral ligadas a compromissos de negócios no exterior, a exemplo da China –, começamos a excursionar com as crianças desde cedo. Como minhas atividades profissionais me consumiam um enorme tempo, tirar um mês inteiro de férias todo ano para a convivência mais estreita com a família era um ponto de honra. E sempre tive uma grande preocupação no sentido de que elas se abrissem para o mundo. Gostava de incentivá-las a conhecer presencialmente o que estavam aprendendo nos livros escolares.

Sim, claro que foram à Disney, mas a maioria de nossas viagens privilegiou os principais centros europeus. Quando íamos a Paris, por exemplo, fazia questão, invariavelmente, que visitássemos o suntuoso túmulo de Napoleão Bonaparte, personagem a quem admiro, no Hôtel des Invalides. Esse roteiro se tornou tão emblemático que, uma vez, meu filho Antônio Carlos, já pelos seus 18 anos, viajando com amigos pela Europa, "obrigou-os" a também reverenciar o mitológico imperador francês. Por essa idade, quando iam sem nós, Antônio Carlos e a irmã Ana, de tanto ouvirem as histórias contadas sobre os inúmeros monumentos e atrações turísticas, agiam como guias de seus colegas.

Na Itália, lembro-me de um episódio engraçado, ocorrido depois que almoçamos com d. Agnelo Rossi, parente de Titina, dentro do Vaticano. Muito influente na Cúria Romana, o cardeal havia nos mandado buscar de Mercedes Benz no hotel em que estávamos hospedados. Após o almoço, ele nos levou a aposentos no interior do Vaticano a que poucas pessoas têm acesso. A magnífica Capela Sistina foi aberta exclusivamente para nós! Mais tarde, Antônio Carlos, então com 13, 14 anos, e que ficara de olhos arregalados diante de todo aquele esplendor, disse: "Pai, já resolvi o que quero ser quando crescer: cardeal. Gostei muito do que vi!" Expliquei que, para chegar a cardeal, ele precisaria galgar as etapas da carreira, primeiramente, tornando-se padre lá na igreja Bom Jesus de Matosinho, vizinha a nossa fazenda. Pois ele desistiu ali mesmo. Pensou que podia virar cardeal da noite para o dia!

Fizemos safáris com nossos filhos no Quênia, na África (posteriormente, também com os netos, em Botswana), e passeios pelo Egito e América Central. Em particular, no interior do México, fomos acompanhados de um arqueólogo, que ia contando a eles a história da civilização asteca e da pirâmide do Sol, em Teotihuacan. E na Guatemala dos maias, onde há mercados de artesanato deslumbrantes. Lá, existe um sincretismo entre as religiões indígenas e a fé cristã muito interessante. Ao adentramos uma igreja católica numa missa de domingo, avistamos, no meio do corredor central, as piras dos índios locais convivendo em harmonia com as imagens dos santos.

Giramos, ainda, por toda a América do Sul. Em Santiago do Chile, alugamos um carro para percorrer as cidades onde há predominância de lagos e vulcões. Num pequeno navio, fomos até a Laguna San Rafael. Pegamos um tempo tão feio que precisamos dormir amarrados por cintos de segurança para não cairmos da cama. O Brasil, evidentemente, não poderia ficar de fora do nosso circuito. A expedição mais fresca na memória, há cerca de dois anos, reuniu a família inteira para ver de perto os encantos e mistérios do nosso patrimônio natural maior – a Floresta Amazônica e seus belíssimos rios!

—▪—

NÃO POSSO ESQUECER de relatar que seguíamos um ritual bastante divertido com as crianças: cada uma, ao completar sete anos de idade, ganhava uma viagem só comigo e a mãe, a que chamávamos afetuosamente de "viagem de filho único". O primogênito Antônio Carlos foi, em 1973, assistir a uma corrida de Fórmula 1, disputada por Emerson Fittipaldi, o principal piloto brasileiro à época, no autódromo paulista de Interlagos. Ana ganhou um *tour* de lancha por Angra dos Reis, margeando as ilhas paradisíacas da Costa Verde fluminense. E Marcelo quis nos acompanhar a um leilão de gado, pois queríamos comprar um touro em Caxambu para a nossa fazenda. E o presente de Serginho foi um sobrevoo de helicóptero pelo Rio de Janeiro.

Depois que eles cresceram – e começaram a ter obrigações que não lhes permitiam ficar um longo tempo de folga –, Titina e eu passamos a viajar mais sozinhos. Desde então, gostamos especialmente de explorar lugares exóticos: além de China, Japão e Índia (onde cheguei a andar de elefante no Rajastão), Camboja, os Vietnãs do Norte e do Sul e Myanmar. Neste último, um interessantíssimo país da Ásia continental, limitado a norte e nordeste pela China, a sul pelo canal do Coco, a sudeste pela Tailândia, a noroeste por Bangladesh e Índia, a oeste pelo Golfo de Bengala e a leste pelo Laos, encontram-se talvez os templos budistas mais bonitos do Oriente. Eles podem ser visitados durante jornadas de barco pelo rio Irauádi, que cruza Myanmar inteiro, ao longo de uma semana, parando-se em várias cidadezinhas do interior para conhecê-las.

Outro passeio exótico que recordamos com entusiasmo foi a viagem de trem, pelo Orient Express, de Cingapura, atravessando toda a Malásia, até Bangcoc, capital da Tailândia. Passamos, inclusive, pela ponte do rio Kwai – que inspirou, em 1957, o famoso filme homônimo, adaptado do romance de Pierre Bouelle. A película, sobre prisioneiros britânicos que, durante a II Guerra, são forçados pelos japoneses a construir, em plena selva, uma ponte de transporte ferroviário sobre o rio Kwai, ao arrebanhar sete Oscars, transformou Kanchanaburi, a 123 quilômetros de Bangcoc, em atração turística.

Uma viagem marcante que realizamos recentemente foi cruzando os Estados Unidos até o Canadá, onde percorremos as impactantes montanhas rochosas num trem todo de vidro, que só funciona durante o dia. E, a partir de Vancouver, seguimos de navio para admirar as singulares paisagens glaciais do Alasca.

Ainda no radar das temperaturas congelantes, participamos, há dois anos, de um cruzeiro de 21 dias pela Antártida. Cruzamos o perigoso estreito de Drake, ponto de encontro entre os oceanos Atlântico e Pacífico, cujas águas bravias mareiam até os navegantes mais experientes. Vivemos momentos de alta tensão, pois, como se não bastasse, cometemos o erro de comprar uma cabine na proa, em que o mar bate com maior fúria. Ao vermos aquelas impressionantes ondas de 14 metros se agigantarem bem à nossa frente, a impressão que tínhamos era que o navio ia virar a qualquer momento. E não sem razão, porque centenas de embarcações já afundaram na região. Em suma, mesmo depois de rodarmos quase o mundo todo, ainda nos resta disposição para rever os lugares preferidos e, claro, conhecer novas joias recônditas, em viagens que certamente estão por vir.

38. Casamento

O tenente-aviador da Força Aérea Brasileira (FAB) Marcos Eduardo Coelho Magalhães, treinado para a II Guerra no Panamá e em Suffolk, EUA, fora piloto do Primeiro Grupo de Caça, tendo sido alvejado em uma de suas 85 missões. Abatido pela artilharia antiaérea, saltara de paraquedas sobre território inimigo, despencando sobre o telhado de uma casa, o que causou a fratura de seus dois tornozelos. Mesmo sentindo dores fortíssimas, conseguiu chegar ao chão, onde foi ameaçado de morte com uma pistola 45 apontada para sua cabeça por simpatizantes fascistas.

Tornado prisioneiro, foi levado a um hospital por um cabo do Exército alemão. Ante o avanço dos aliados, que deixou os germânicos sem condições de evacuar os feridos, o médico comandante, receoso de saques ao hospital, entregou uma arma ao tenente Coelho. O bravo oficial da FAB ficou à frente da enfermaria até a chegada das tropas amigas. Pela coragem, recebeu como condecorações as medalhas Cruz de Sangue, Cruz de Aviação fita A, com duas estrelas, Cruz de Aviação fita B, com três palmas, Campanha da Itália, Distinguished Flying Cross (USA), Air Medal, com duas palmas (USA) e Presidential Unit Citation (USA).

Quando entrei na Montreal, em 1962 – recém-chegado do mestrado na Itália e com 29 anos –, o valente aviador já trabalhava na empresa. Como simpatizou comigo, logo disse à filha, então com 17 anos e sem nunca ter namorado na vida: "Conheci hoje um rapaz que vai se casar com você!" Teresa, a Titina, como a chamo carinhosamente, encabulada, passou a fugir de todas as oportunidades armadas pelo pai – até jogos de futebol – para que fôssemos apresentados, pois achava a insistência inadmissível. Até que, finalmente, o visionário tenente Coelho logrou seu intento. O coronel Gustavo Borges, também aviador e seu grande amigo, convidou-o para assistir a um concerto na frisa permanente a que tinha direito no Theatro Municipal, na condição de secretário de Segurança do Rio de Janeiro no governo Carlos Lacerda. Como a atração seria o famoso pianista chileno Claudio Arrau, Titina aceitou acompanhar o pai – sem imaginar, claro, as intenções que estavam por trás.

Era, precisamente, o dia 4 de junho de 1964 – e mal poderíamos imaginar que daquela inesquecível data em diante jamais deixaríamos de nos ver nem por um único dia! Ao acessar a frisa, minha futura esposa viu que o pai havia me convidado. De início, envergonhada com a situação, acabou me levando, nos intervalos, para observar as reformas recém-feitas no teatro – incluindo a abertura, no subsolo, do Salão Assyrio, que abrigou os primeiros bailes de máscaras do Municipal, um cabaré onde se apresentavam Pixinguinha e seu legendário grupo chamado Os Oito Batutas. Como o nome já dizia, o imponente restaurante era inspirado numa composição decorativa entre os estilos assírio, babilônico e persa. Daquele *tour* em diante, passamos a sair quase todas as noites, depois do meu trabalho e da escola dela, o Colégio Jacobina, na rua São Clemente, em Botafogo.

Jantávamos nos restaurantes da moda, dançávamos e íamos muito ao cinema. Foi, a propósito, numa antessala do memorável Cine Paissandu, no Flamengo, que perguntei se Titina queria se casar comigo. Que bom: ela disse sim! Menos de um ano depois, a 4 de maio de 1965, entrávamos na igreja da Candelária para selar o nosso compromisso de amor eterno.

—▪—

DOM AGNELO ROSSI FOI O prelado brasileiro que mais alto voou na hierarquia eclesiástica: presidente da Administração do Patrimônio da Sé Apostólica, no Vaticano; prefeito da Congregação para a Evangelização dos Povos; decano do Colégio Cardinalício; segundo cardeal e quarto arcebispo de São Paulo; entre tantos outros títulos. Ele era filho de criação da avó de Titina, tendo convivido com a família dela no Rio de Janeiro até assumir suas funções na Cúria Romana. Nada mais natural, portanto, que celebrasse nossa união na igreja da Candelária, a mesma em que meus sogros haviam se casado. Porém, a data que escolhemos coincidiu com o dia do aniversário do cardeal – e a Arquidiocese de São Paulo lhe prestaria uma homenagem. Ele, então, pediu ao padre (e também senador, pois à época os missionários católicos podiam exercer cargos públicos) Mário Calazans para substituí-lo. O sacerdote, orador brilhante, faria um discurso belíssimo na cerimônia. Escolhemos como um dos padrinhos o coronel Gustavo Borges. Sua frisa cativa no teatro havia desempenhado para nós o mesmo papel que a sacada da varanda de um sobrado em Verona tivera para Romeu e Julieta.

Nossa mania de pontualidade, minha e de Titina, era tanta (mesmo hoje, somos os primeiros a comparecer a qualquer evento), que quando ela chegou à porta da igreja pela primeira vez, às 19 horas cravadas, não estavam nem o padre, nem, muito menos, os convidados – somente eu, em meio à escuridão. Sem outra saída, ela ficou, então, dando voltas de carro no Aterro do Flamengo para passar o tempo até que a Candelária começasse a encher.

A cerimônia, muito bonita, transcorreu *comme il faut*. O problema ainda estava por vir. A família paterna de Titina tinha o hábito de pregar trotes em recém-casados. Sequestravam, por exemplo, o noivo e o enrolavam todo em esparadrapo. A noiva, depois, passava a noite inteira às voltas com algodão e éter para libertar o amado daquela goma. Após o casamento, saímos logo de carro para evitar brincadeiras mais desagradáveis e fomos dormir no Hotel Pinheiros, em Teresópolis – na sequência, embarcaríamos para a viagem de lua de mel no exterior. Atrás de nós, veio um bando de primos da Titina, correndo de automóvel pela cidade para me raptar. Mas entramos em acordo com eles, argumentando que iam acabar causando um acidente naquela perseguição a mim. Enfim, nós escapamos.

Porém, os implacáveis primos descobriram o número do nosso voo para a Europa. E baixaram no Galeão no dia do embarque para a despedida, munidos de panela, penico, pratos, tampas e outros "instrumentos musicais". Imagine aquela orquestra completa em ação em pleno aeroporto! Um vexame antológico. Mas tudo valeu a pena, e com sobras.

—▪—

AINDA EM SOLTEIRO, eu comprara um apartamento no Flamengo, numa pequena rua, a Marquês do Paraná, entre a Marquês de

Abrantes e a Senador Vergueiro. E nos mudamos então para lá, onde nasceram três de nossos quatro filhos: Antônio Carlos, Ana e Sergio, em 1966, 1967 e 1968, respectivamente. Logo em seguida, fomos para um imóvel recém-construído na avenida Rui Barbosa (Marcelo, o caçula, nasceria cinco anos depois), em que permanecemos por uma década e meia. Foi quando compramos num leilão uma bela casa no condomínio Jardim Pernambuco, no Leblon, na qual residimos até hoje.

Há anos e anos cultivo o mesmo ritual ao chegar a nossa casa após o trabalho: servir-me de uma dose de uísque, sentar confortavelmente na poltrona e conversar com Titina sobre o meu dia. Minha mulher diz que algumas de suas amigas costumam queixar-se do mutismo dos maridos, que não têm paciência, ou mesmo vontade, de lhes relatar um pouco que seja de seu cotidiano fora do lar. Titina, ao contrário, tem em mim um narrador apaixonado. Conto, sem tirar nem pôr, tudo o que aconteceu no decorrer do meu dia.

Desde aquela noite no Theatro Municipal até a data presente, em que já celebramos bodas de ouro, nosso caminho tem sido um só caminho. Muitos obstáculos vencidos, várias dores acalmadas, algumas doenças curadas, mas, sobretudo, inúmeros sonhos conquistados e esperanças concretizadas! Titina tem sido a companheira incansável, tenaz, dinâmica, a quem chamo de minha adorável cúmplice em todos os momentos, além de mãe absolutamente exemplar. Devo muito de meu sucesso como empresário à sua parceria incondicional. Titina é o ponto de referência da minha felicidade pessoal e o porto seguro de toda a nossa família.

Tivemos quatro filhos maravilhosos, que nos deram sete netos adoráveis. Criamos os filhos com muito amor, porém, com grande energia. Sempre cobramos bastante deles quanto aos estudos, à honestidade, à verdade e à ética, tanto quanto ao respeito e reverência à família, em especial aos mais velhos. Procuramos, mais do que cobrar com palavras, dar-lhes o melhor exemplo, proporcionando-lhes um ambiente de paz e harmonia, de apoio mútuo, para que pudessem desenvolver da melhor forma possível seus próprios talentos.

Há um fio de ouro unindo a nossa família e que, independentemente do que tenha acontecido no decorrer das nossas histórias, nunca se partiu. Tivemos, sim, momentos difíceis, alguns dos quais aparecem em outros capítulos da minha narrativa. Mas ultrapassamos tudo com serenidade e equilíbrio, devido, principalmente, ao amor e respeito que nos une. Durante alguns episódios muito complicados da minha vida, foram o amor e a dedicação de minha mulher e dos meus filhos que me sustentaram e me deram forças para que hoje eu esteja aqui. O primeiro foi há muitos anos, nos idos de 1992, quando, depois de grandes decepções ao término de uma campanha eleitoral na qual entrara cheio de projetos e aspirações, acabei com um grave problema de coração, e durante um cruzeiro de descanso pelo Caribe, acabei numa mesa de operação em Miami!

Felizmente, fui operado por um americano muito competente e simpático, fã incondicional do craque do Botafogo Heleno de Freitas, e que fez questão que eu entrasse na sala de cirurgia ao som da voz da Gal Costa. Com tanta energia positiva ao meu redor e a presença permanente da família, tinha de dar tudo certo – e deu!

O segundo período muito difícil foi em maio de 2017, quando peguei uma doença muito grave novamente no coração (uma endocardite), que me causou um grande abalo na saúde e mais de oito semanas de internação. Acabei tendo de, novamente, operar o coração, dessa vez para a troca de uma válvula interna. Foi muito angustiante para mim a expectativa da cirurgia! Eu estava certo de que, dessa vez, não escaparia...

Graças à eficiência e dedicação da equipe de três médicos que me assistiram e à competência de um fantástico cirurgião (mais novo que o meu filho caçula), estou aqui para contar minha história!

Agora, que a luta com a saúde passou, Titina e eu nos realizamos, cada dia mais, ao apreciarmos a vida dos nossos filhos e netos, na certeza de que permitimos que cada um traçasse seu próprio caminho e o percorresse com seus próprios pés.

Fizemos viagens de sonho, conhecemos o mundo inteiro, muitas vezes só nos dois, mas várias outras com toda a família!

Aproveitamos a vida no campo, primeiramente no sítio de Itaipava comprado logo após o casamento, e depois durante 40 anos na Fazenda Paciência, em Paraíba do Sul, sempre todos juntos, na maior alegria! A permanente convivência com nossos netos nos deu sempre a oportunidade de compartilharmos dos seus projetos e sonhos, e quem sabe de corrigir com eles alguns erros que possamos ter cometido com seus pais...

Hoje, passados 53 anos, Titina e eu somos, mais do que nunca, em cada filho e em cada neto, uma só carne e um só coração. Nem as tristezas, nem o mundo, nem a morte poderão nos separar!

O primogênito

São extensas e gratificantes as memórias de mais de 50 (!) anos de relação com meu pai, Sergio Quintella.

Coleciono vivas memórias de incentivo e orientações que dele recebi ao longo da vida, sempre pautadas pelo evidente desejo de acompanhar o crescimento e o desenvolvimento do filho, de nele incutir os melhores padrões morais e éticos, sem nenhuma outra agenda ou interesse que não fosse minha felicidade.

Meu pai sempre me permitiu fazer escolhas; a liberdade nesse sentido era absoluta. Tanto nos esportes (foram muitos os que pratiquei) quanto na escolha do caminho profissional, na seleção das amizades e nas diversas opções que fiz ao longo da vida. Eu sempre soube que com ele poderia contar para o que desse e viesse. Dele nunca recebi cobranças; ao contrário, tenho recordações do apoio irrestrito e entusiasmado, que sempre me foi oferecido, na beira das piscinas, nas quadras de tênis, ao lado dos picadeiros, na escola, na faculdade, na vida profissional, na formação da minha própria família.

Ele sempre foi um líder. Em casa e fora dela. Um líder que, se não inspirava pelo carisma, o fazia pela postura sempre consistente, direta, objetiva, franca e intelectualmente honesta. Não havia rodeios, mensagens cifradas, nem frases que me deixassem em dúvida sobre o que ele pensava. Nesse sentido, o diálogo, por ser transparente, me deixava seguro. Eu não precisava fazer esforços para entender o que se passava na cabeça dele, nem qual era sua opinião sobre os mais diversos temas. Ele não me deixava em dúvida; sempre foi muito claro. Não obstante, sempre respeitou minhas opiniões e decisões, especialmente se bem fundamentadas e bem intencionadas. Isso facilitava muito as coisas do meu lado, mas exigiu desde cedo, da minha parte, um grande esforço de articulação dos meus próprios argumentos e fundamentação das minhas decisões, o que, aliás, me foi muito útil anos à frente.

As atitudes e o comportamento dele comigo, com a nossa família, com os desafios profissionais e pessoais que enfrentou e que pude observar ao longo de muitos anos, muito mais do que quaisquer palavras que ele pudesse expressar, revelaram caminhos e apontaram alternativas para que eu pudesse fazer as minhas próprias opções na fase adulta. Delas não me arrependo, e para tanto o apoio de meu pai tem sido indispensável e insubstituível.

Meu pai e eu não temos temperamento nem personalidades parecidas, mas nutrimos respeito um pelo outro. E eu, por ele, gratidão e admiração.

Com muitos beijos!

Antônio Carlos Quintella

A menina

Escrever sobre o próprio pai não é tarefa simples. No meu caso, é ainda mais difícil, já que meu talento está associado a imagens, e não a palavras.

Meu pai nunca foi um sujeito fácil. Muito exigente, sempre cobrava dedicação e empenho em todas as nossas atividades. Mas comemorava muito cada uma de nossas conquistas. Gostava de repetir frases clássicas nas discussões sobre os mais variados assuntos. "Não levante a voz para mim". "Melhore seus argumentos". "A média é 6? Você pretende ser médio na vida?" Também deixava bilhetes, caso não chegássemos para o jantar: "Ao chegar, dirija-se à recepção. Assinado: A gerência". Deixava claro que nossa casa "não era um hotel".

Sua retidão, competência, inteligência e cultura foram fundamentais na minha formação. Mais importante ainda foram nossas discordâncias. Fazer escolhas que o desagradassem era dificílimo e exigia de mim muita coragem. Mal sabe ele que suas negativas alimentaram várias de minhas decisões.

Nossas viagens em família marcaram minha infância e adolescência da melhor maneira possível. Roteiros clássicos, outros nem tanto, abriram as portas do mundo e mostraram a importância de aliar experiência ao conhecimento, algo que me ajuda diariamente na criação dos meus filhos.

Os momentos mais difíceis por que passamos também foram fontes de aprendizado. Primeiro, a morte do meu irmão Sergio, aos 11 anos. Especialmente, a forma como conseguiram, pai e mãe, superar a dor e seguir em frente, nos ensinando que a vida é boa e vale a pena. Depois, durante o longo sequestro do Marcelo, a capacidade de manter a cabeça no lugar, sem nunca perder a esperança, movendo o mundo e unindo os amigos numa corrente inesquecível de força. O fim do pesadelo não poderia ter sido diferente, uma grande festa com as portas abertas.

A idade foi amolecendo aos poucos seu jeito rígido de ser. Acho que a chegada dos netos ajudou nesse processo. Foi na idade adulta que conheci meu pai mais amoroso. Lembro a nossa convivência na fazenda, nos feriados e nas férias, os longos bate-papos à mesa do almoço. Nos anos mais recentes, praticamente liberou o uso das odiadas sandálias Havaianas.

Foi capaz de enormes transformações. Sua relação com o Hélio, meu marido, é o maior exemplo disso. Aprendeu a se livrar de preconceitos e a respeitar e gostar das pessoas pelo que de fato são. Hoje, para mim, meu pai é um homem ainda mais admirável.

Não posso deixar de falar de seu amor por minha mãe e do reconhecimento de que deve a ela muito do que tem de melhor. O carinho e o companheirismo dos dois me inspiram diariamente.

Tive e tenho muita sorte de tê-lo na minha vida, de ser parecida com ele – e de ser também muito diferente, de amá-lo e de ele ser minha inspiração e meu exemplo. Obrigada, pai.

Ana Cristina Quintella

O caçula

É bem difícil descrever o nosso pai. Uma pessoa com tantas realizações na vida... por onde começar?

Eu poderia descrever aqui o empresário bem-sucedido. Uma pessoa que foi criada praticamente apenas pela mãe, pois perdeu o pai muito cedo. Que mesmo durante a faculdade (aliás, duas) já era empreendedor, trabalhando para pagar suas viagens e expandir seu conhecimento de mundo. Que cresceu de engenheiro até ser o presidente da Internacional Engenharia e vice-presidente do Grupo Montreal Engenharia, empresas em que trabalhou sua vida inteira.

Talvez pudesse falar desse mesmo empresário e do seu interesse pela política nacional, em que sempre atuou de forma a ajudar o país a ter um futuro melhor, seja como tesoureiro de campanha de Tancredo Neves, seja quando ele próprio se candidatou a deputado federal, ou ainda como conselheiro do Tribunal de Contas do Estado do Rio de Janeiro.

Ou falar da fase mais recente, trabalhando como vice-presidente da Fundação Getulio Vargas, ao mesmo tempo que atuava como conselheiro de grandes empresas, a exemplo da Oi e Petrobras.

E isso apenas para citar algumas realizações. A lista é longa...

Mas talvez o mais impressionante seja que nada do mencionado acima define quem é o nosso pai. Conhecido por ser uma pessoa rígida e exigente como empresário, conselheiro ou em sua participação na política, é sua relação com a nossa mãe que realmente define quem é Sergio Quintella.

Acho que não houve um dia em que eu não o tenha visto elogiando minha mãe. E não um elogio "burocrático", apenas por ser educado. Mas um elogio sincero, em que é possível ver o orgulho que tem da esposa. Elogios pela beleza da mulher que sempre se arruma para o marido, da mãe que o ajudou a criar os filhos, da fazendeira que gerenciava uma fazenda praticamente sozinha, da presidente da Associação de Assistência ao Adolescente (AAA), que sempre soube ser caridosa com os mais necessitados. Dizem que por trás de um grande homem há uma grande mulher. No caso do meu pai, ele guarda perfeita noção da grande mulher que tem – e faz questão de proclamar tal fato para o mundo.

Esse temperamento em casa e o orgulho que sente da nossa mãe demonstram exatamente os valores em que acredita: amor, bondade, dedicação, caridade etc.

Um homem com as realizações de Sergio Quintella poderia se tornar uma pessoa arrogante. Ou achar que simplesmente merece tudo o que tem e acreditar que, quem não alcançou as mesmas conquistas, simplesmente não se esforçou o suficiente. Mas nosso pai sempre foi uma pessoa extremamente generosa em relação ao seu tempo e conhecimento, sempre disposto a ajudar pessoas mais jovens na profissão, dando conselhos, conseguindo oportunidades de emprego, patrocínios para projetos artísticos e assim por diante.

Fala-se muito que os pais criam os filhos para serem melhores que eles próprios. Acho até que o meu pai acredita ter conseguido tal feito, mas se faz necessário aceitar que era uma tarefa difícil. De qualquer jeito, não resta a menor dúvida de que ele deixa um objetivo para nós perseguirmos. Se o papel dos pais é servir de exemplo para seus filhos, S. Q. cumpriu o seu com louvor.

Marcelo Augusto Quintella

Sergio Quintella, um testemunho

Sergio Quintella é um dos homens mais completos que conheci no meu longo caminho. Ninguém o supera na capacidade de organizar, de fazer, de aglutinar esforços, multiplicando-os, de forma eficiente e quase invisível. Inigualável em todas as empresas a que serviu. Assim tem sido também nas cruzadas democráticas de quem participou pensando no melhor para o Brasil.

Como vice-presidente da FGV, criou novos cursos e melhorou os já existentes, tornando-os mais eficientes, atrativos e rentáveis. Foi decisivo também na construção, dentro dos prazos e com os padrões de qualidade, da Torre Oscar Niemeyer, arquiteto de cuja prancheta nasceu a obra, para orgulho da fundação.

Por puro idealismo, fez uma tentativa decepcionante na política partidária. O homem público respondeu em palco propositadamente menor: o Tribunal de Contas do Estado. Seus precisos pareceres e sua costumeira consagração ao trabalho honraram igualmente seu nome.

A família é a razão de ser da vida dele e de Teresa, sua esposa. Tudo começa na Fazenda Paciência, no Vale do Paraíba, a que chegaram também os netos quando em férias. E os filhos, na Europa, vitoriosos e brilhantes, prolongam o mundo dos Quintellas.

Seu estoicismo também tem sido posto à prova em difíceis situações. Fazendo um cruzeiro pelo Caribe, por problemas cardíacos, foi retirado de bordo, de helicóptero, para atendimento na Flórida. Em pouco tempo, porém, estava de volta o Sergio de sempre. Recentemente, o destino pediu-lhe ainda mais: seu coração foi aberto, costurado e devolvido à vida, que sempre valorizou.

São novos tempos, novos riscos, mas aí está, de volta, vencendo seus desafios, esse homem extraordinário que é Sergio Quintella.

Octavio Costa
(ex-chefe de gabinete do Estado-Maior do Exército no governo Geisel)

Um discreto grande brasileiro

Sergio Quintella é uma pessoa que passa 24 horas por dia procurando esconder sua inteligência, preparo e competência. Atrás de sua modéstia existem três cursos de graduação, vários cursos de pós-graduação no exterior, participação ativa no conselho de administração de importantes empresas, além de um vasto número de atividades acadêmicas e públicas.

Foi presidente da Companhia Interamericana de Engenharia, que participou do projeto da Usina de Itaipu, e vice-presidente da

Internacional Engenharia, empresa responsável pela elaboração do projeto da ponte Rio-Niterói.

Atualmente ele engrandece a Fundação Getulio Vargas exercendo o cargo de vice-presidente.

Técnico e administrador de excelência, é também um maestro na arte da política, atividade que exerce nos bastidores de forma oculta e eficiente.

Fui testemunha de sua importante participação no processo de transição entre o regime militar que comandou o país no período 1964-1985 e a chamada "Nova República", movimento pró-abertura democrática liderado por Tancredo Neves.

Sua credibilidade permitiu que, em um período difícil da vida nacional, promovesse importantes ações em prol da construção de um relacionamento cordial entre os militares que lideravam o movimento iniciado em 1964 e o candidato Tancredo Neves. Importantes reuniões foram realizadas em sua casa, propiciando a construção do movimento de conciliação entre os que procuravam chegar ao poder e os que naquele momento detinham o poder.

As dificuldades enfrentadas por esse movimento de conciliação foram maiores do que muitos hoje imaginam, e a presença de Sergio Quintella foi de fundamental importância para sua conclusão.

Pela confiança que foi construindo junto a Tancredo Neves, foi convidado para, juntamente com o dr. João Pedro Gouveia Vieira, atuar junto ao empresariado nos assuntos relativos às finanças da campanha, o que fez com enorme transparência.

Eleito presidente da República, Tancredo Neves criou um grupo de trabalho, do qual participou Sergio Quintella, ao lado de Hélio Beltrão, José Serra, Sebastião Vital, entre outros. O propósito da reunião dos notáveis era formular ações prioritárias que deveriam ser tomadas pelo governo no início de sua gestão. Mais uma vez, a presença de Sergio Quintella foi da maior importância.

Em 1985, quando ingressei no Partido da Frente Liberal (PFL), Sergio Quintella era presidente do partido no estado do Rio de Janeiro. Procurava ele construir um partido político que pudesse discutir com a sociedade os problemas que o estado enfrentava e para eles apresentar soluções. Havia também a preocupação de impedir que grupos brizolistas que assumiram o governo do estado no período de 1982 a 1986 continuassem por mais quatro anos no poder.

Sergio Quintella organizou uma forte coligação de partidos para enfrentar o PDT de Leonel Brizola, que tinha como candidato ao governo o professor Darcy Ribeiro. A coligação antibrizolista queria que ele fosse candidato ao governo ou ao Senado. Numa atitude de grande desprendimento, Sergio Quintella abriu mão da candidatura ao governo, permitindo que o PMDB elegesse Moreira Franco. Ofereceu também ao professor Afonso Arinos de Mello Franco a candidatura ao Senado. Ambos foram eleitos com grande maioria.

No dia da convenção do PFL, fui a sua residência insistindo para que ele disputasse o Senado, o que mais uma vez recusou.

Durante todos os anos que ocupei cargos políticos – na Câmara, no Senado, no ministério – sempre recorri à competência e ao bom-senso de Sergio Quintella para discutir problemas que estavam sob minha gestão.

É uma grande honra estar, no momento, ao lado de Sergio Quintella na Fundação Getulio Vargas.

Francisco Dornelles

(ex-ministro da Fazenda, da Indústria e Comércio e do Trabalho e ex-senador da República)

Meu amigo Sergio Quintella

Nos últimos 30 anos, tenho convivido intensamente com Sergio Quintella no Conselho Diretor da Fundação Getulio Vargas (FGV), nos almoços da Associação Promotora de Estudos da Economia (Apec) e nas reuniões do Conselho Técnico da Confederação Nacional do Comércio (CNC). Em cada reunião de que participa, Sergio Quintella se destaca pela liderança resultante da firmeza de sua argumentação, pela lógica e bom-senso.

Sergio é uma pessoa diferenciada, que alia generosidade, enorme capacidade intelectual e um dinamismo intenso em todas as suas atividades. Se tivesse de destacar um predicado acentuado da sua personalidade, diria que nele sobressaem os dotes de inteligência com que, didaticamente, nos repassa suas convicções.

Nos últimos 20 ou 25 anos, dentro da agitada e desastrosa experiência de alguns governos em Brasília, Sergio Quintella nos revelou uma nova faceta de sua multiforme cultura e experiência profissional. Tornou-se um extraordinário observador e analista da complexa e angustiante conjuntura política. Atualmente, junto com outro grande amigo, o ex-ministro e senador Bernardo Cabral, Sergio conquistou o pódio dos analistas políticos, de onde lidera todas as reuniões de que participa.

Devo acrescentar um aspecto destacado na vida de Sergio, que é a figura notável de sua inteligente esposa, grande amiga minha e de Léa. Titina, como carinhosamente a chamamos, é uma pessoa excepcional, pela maneira com que conquista os amigos, organiza a família e exerce incomparável liderança nas atividades de caráter social, em que se destaca à procura de meios para ajudar e orientar jovens estudantes de poucos recursos. Sua linda casa do

Jardim Pernambuco, bairro nobre da Zona Sul do Rio de Janeiro, é o retrato do casal e da família, onde recebe os amigos para alegria de todos nós.

Este pequeno livro, que retrata ligeiramente a vida e a obra de Sergio Quintella, é uma bíblia para todos nós, seus admiradores, na revelação de sua exitosa vida de profissional na engenharia, do caráter exemplar do honrado dirigente de grandes projetos de ampla repercussão nacional e do colecionador de amizades e grande companheiro.

Foi uma ideia brilhante, essa de registrar para as gerações atuais e futuras o exemplo de vida, a dignidade e o patriotismo do exemplar brasileiro Sergio Quintella.

De seu amigo e admirador,

Ernane Galvêas
(ex-ministro da Fazenda e
ex-presidente do Banco Central)

Um personagem muito especial

Conheci Sergio Quintella no início da década de 1990, tendo logo se desenvolvido uma relação de confiança e amizade que se consolidou com o passar do tempo. Assim passei a conhecer alguns aspectos de sua história de vida, que passo a descrever.

Sergio teve uma excelente formação acadêmica, iniciada na Escola de Engenharia da PUC-Rio e complementada, no Brasil, por graduações em economia, na Escola de Engenharia da UFRJ e na

Faculdade de Economia e Finanças do Rio de Janeiro. Acrescentou, na área de administração de empresas, títulos de mestrado na Itália (Ipsoa), AMP na Harvard Business School e especialização na Pennsylvania State University, nos Estados Unidos.

Desde cedo, mostrou sua capacidade de liderança ao ser eleito para a presidência do Diretório Acadêmico da Escola de Engenharia da PUC-Rio e, na formatura do curso de engenharia, ter sido o orador de sua turma.

Uma vez formado, iniciou suas atividades na empresa Varig e, em seguida, na Severo Villares. Prosseguiu numa brilhante carreira que incluiu a direção de importantes empresas, como a Montreal Engenharia, a Internacional Engenharia e a Companhia do Jari. Também tomou parte ativa em diversos conselhos de administração ou técnicos de grandes companhias ou entidades, tais como Petrobras, Caemi, Coca-Cola do Brasil S/A, Confederação Nacional do Comércio e Tele Norte Leste Participações – Oi. Nessas funções, teve ocasião de coordenar os trabalhos de projetos de fundamental importância, como a construção do sistema de abastecimento de água do Guandu, Rio de Janeiro, o vão central da ponte Rio-Niterói, o projeto da Usina de Itaipu e o sistema de transporte de minério de Carajás, entre outros.

Sergio também exerceu diversas funções públicas, como presidente da Associação Brasileira de Normas Técnicas (ABNT) e do Tribunal de Contas do Estado do Rio de Janeiro, além de membro do Conselho Monetário Nacional e do Conselho de Administração do BNDES.

Na área acadêmica vem também tendo substancial atividade como membro do Conselho de Desenvolvimento da PUC-Rio e do Conselho Diretor do Instituto Nacional de Altos Estudos (Inae), além de membro titular da Academia Nacional de Engenharia.

A partir de 2005 exerce a vice-presidência da Fundação Getulio Vargas, onde, juntamente com seu presidente Carlos Ivan Simonsen Leal, foi responsável por um notável desenvolvimento da instituição, com a criação de novas escolas e institutos, bem como a consolidação daquelas unidades já existentes.

Cabe ainda ressaltar sua dedicação à atividade do lar, em que, com sua esposa Teresa Cristina, construiu uma família exemplar.

Devo finalmente afirmar que meu trabalho na FGV, ao lado de Sergio Quintella, tem sido uma das boas coisas que venho usufruindo em minha vida.

Lindolpho de Carvalho Dias
(ex-presidente do CNPq e do Instituto
de Matemática Aplicada)

Uma figura importante na história da nação

Quando alguém se propõe a escrever um livro sobre a própria vida, seguramente está convencido de que foi participante de um período importante da história da nação e de que, com esse depoimento, colocará um facho de luz sobre os fatos ocorridos, conforme seu próprio olhar. Sergio certamente pensou assim, já que se destacou e foi figura importante na história do estado do Rio de Janeiro e do país.

Quando ele me pediu para registrar em poucas linhas as "aventuras" que vivemos juntos, entendi logo que isso se devia, sem dúvidas, ao fato de que, entre todos os amigos/admiradores que ele fez, eu certamente sou o de mais longa convivência.

Conhecemo-nos no exame oral do vestibular para o curso de engenharia da PUC-Rio (Epuc), no início do ano de 1954. Como tínhamos o mesmo nome, ficamos horas e horas sentados na mesma sala, aguardando que nos requisitassem para a arguição. A Epuc estava em uma fase inicial das suas atividades (seríamos a terceira turma a se formar), empenhada em selecionar os melhores candidatos para que pudesse vir a ser uma escola reconhecida. O projeto era que os melhores engenheiros saíssem de suas salas de aula.

Eram realmente outros tempos. Não havia o recurso das questões de múltipla escolha! Tínhamos de ter bastante preparo. Fomos chamados em ordem alfabética. Cada um sorteava o ponto sobre o qual seria arguido por um professor desconhecido. Era uma barra...

Cursamos a engenharia civil durante cinco anos e nos formamos em dezembro de 1958. Foi uma turma de alta qualidade, que deu uma grande contribuição ao desenvolvimento da engenharia no Brasil. Sergio se destacou entre os primeiros alunos da turma e foi escolhido para ser o orador na festa de formatura.

Nesse período consolidamos uma forte amizade, baseada em esforço, apoio mútuo e muita discussão política, pois estávamos no governo Vargas; e Carlos Lacerda inaugurava os horários da madrugada na TV mostrando-nos as "impurezas" do Palácio do Catete. Passamos também pelo governo de JK e algumas eleições. Sempre juntos e pensando em salvar o Brasil...

Recordo que Sergio foi eleito presidente do Diretório da Engenharia, em disputa contra uma chapa que pretendia instituir um instrumento batizado de Código de Honra. Esse dispositivo, adotado pelos padres jesuítas, consistia em induzir os alunos a assinarem um documento no qual se comprometiam a "não colar". Quintella se insurgiu, argumentando junto ao reitor que isso cindiria a turma em "alunos supostamente sérios" e "alunos supostamente espertos". Foi uma grande surpresa para os padres, e a luta extrapolou o previsto, pois Quintella uniu alunos estudiosos e conceituados, fazendo a PUC sofrer a primeira greve geral de sua história, que só acabou quando o tal Código de Honra foi cancelado. Também aí tivemos um fato pitoresco, pois um dos líderes do movimento pró-Código de Honra foi pego colando e desmoralizou definitivamente o instrumento!

Outro fato inesquecível foi a exposição sobre a Petrobras, que o Diretório Acadêmico da Epuc instalou no *campus* na universidade. Foi realizada com pouquíssimo apoio dos padres e mesmo assim angariou grande projeção, o que a levou inclusive a ser inaugurada pelo presidente Juscelino, que, convidado diretamente pelo Sergio, discursou com grandes elogios à iniciativa, passeou pelo *campus* e prédios da engenharia e, entusiasmado com o que via, perguntou ao meu amigo o que ele julgava faltar na Epuc. Sergio de pronto respondeu que a universidade carecia de um laboratório de física. Imediatamente JK ordenou a doação, realizada antes de nossa formatura e da sua saída do governo. Coisas do Sergio Quintella.

Sergio sempre pensava em ações para desenvolver a mente dos colegas. Organizou excursão aos EUA e levou dois grupos em viagens que se caracterizaram por visitas a fábricas e locais de desenvolvimento. Ele pretendia abrir os nossos olhos para a expansão americana, contribuindo para que pudéssemos usar vários daqueles exemplos no Brasil.

Depois de formados e casados, saímos muitas vezes juntos e frequentamos os vários festivais realizados no Maracanãzinho, quando torcemos e vaiamos as canções em disputa. Foram bons tempos do Rio e do Brasil!

Sergio teve um *hobby* duradouro: a criação do cavalo manga--larga marchador. Dessa vez o destaque foi sua esposa Teresa Cristina, a Titina, que se engajou na criação equina e tornou o Haras Paciência um dos mais destacados do Brasil! Como também me envolvi na criação de cavalos, pude absorver os conhecimentos avançados do casal sobre o assunto.

Estivemos juntos na Montreal Engenharia, na Caemi, na Cedae e, durante algum tempo, no Tribunal de Contas-RJ. Sempre com sucesso. Estivemos juntos também na política, quando Sergio, disposto a ajudar o Brasil e o Rio, candidatou-se a deputado federal. Foi vítima de fraude nas urnas. Uma pena, pois quem perdeu foi o povo brasileiro.

Poderia passar meses contando sobre episódios variados da trajetória de Sergio Quintella durante todos esses anos. Eles não caberiam neste livro. Mas creio que bastará dizer que todas as suas ações sempre foram voltadas para o bem público.

Sérgio Sá
(ex-presidente da Cedae)

Discurso pronunciado pelo engenheiro Sergio Franklin Quintella, na qualidade de orador da turma do 10º aniversário da Escola Politécnica da Universidade Católica, por ocasião da cerimônia de colação de grau, em 18 de dezembro de 1958.

Eminência Reverendíssima, d. Armando Lombardi, núncio apostólico no Brasil.
Eminência Reverendíssima, d. Jaime de Barros Câmara, grão-chanceler da Universidade Católica.
Magnífico reitor, padre Arthur Alonso S. J.
Excelentíssimo senhor engenheiro Lucas Lopes, patrono desta turma de engenheiros.
Excelentíssimo senhor professor Domicio Falcão, paraninfo dos engenheiros da Universidade Católica.
Excelentíssimo senhor engenheiro Carlos Alberto Del Castilho, diretor da Escola Politécnica.
Autoridades públicas que nos honram com as presenças ilustres.
Senhores engenheiros honorários da turma de 1958.
Senhores professores.
Minhas senhoras, meus senhores, colegas.

Nesta noite inesquecível, encerramento magnífico de um labor diário de cinco anos apenas ontem começados, seja-me permitido, em nome dos engenheiros de 1958, dizer-vos algumas palavras de alegria e de fé, de confiança e de certeza, que possam deixar marcado, em todos, os sentimentos que nos invadem nesta despedida da vida universitária.

Procurarei a clareza e a objetividade, e se impossível me é ser brilhante, ao menos vos prometo a brevidade, certo de que assim o fazendo estarei sendo coerente com o temperamento e a mentalidade dos engenheiros, que com tanta bondade e desambição escolheram-me como seu porta-voz.

Despede-se hoje da Escola Politécnica uma nova turma, exatamente aquela com que iniciou-se uma fase áurea de trabalho e de realizações, precisamente a que, tendo dado tudo de si nada pediu, a não ser o engrandecimento da Universidade Católica, o respeito ao seu nome, a confiança em seus destinos, a certeza em seus responsáveis, o amor ao seu patrimônio.

A cerimônia que presenciais e que, vos asseguro, não é um adeus, representa o coroamento de uma jornada que se iniciou quando cruzamos pela primeira vez os pórticos majestosos e imponentes desta universidade, tão nova de ontem e tão velha de hoje, que se tempo não teve de instituir tradições, um momento sequer se descurou de realizar aquela tríade de desígnios que, já foi dito, representa a essência mesma de uma universidade católica: enaltecer a fé, valorizar o homem, difundir o saber.

As aulas diárias de perseverança e tenacidade, nós as tivemos aqui, no encontro diuturno com os soldados da Companhia de Jesus, seguidores atentos dos desbravadores do Brasil de ontem. Nosso exemplo de dedicação e humildade fomos buscar nos sucessores de Leonardo Nunes, Manoel da Nóbrega, José de Anchieta, Leonel Franca, esses ávidos de dar, como nós de receber, um pouco de luz para iluminar o caminho repleto de curvas e meandros, um ponto de apoio em que, quando cansados, pudéssemos refletir, em que quando desistindo, pudéssemos animar.

A eles, artífices do Brasil criança, construtores de uma civilização, palavras haja para render graças pelo papel imenso que a história já lhes reservou, marcando lugares preciosos e destacados na galeria restrita dos fundadores, que possuíram a percepção certa, no momento exato. A Universidade Católica foi moldada nos seus exemplos, porque sentiu que também era chegado o momento de não medir ousadias, sacrifícios, labores. Esta, uma obra esplêndida que nos acolheu como filhos e que está fadada a forjar uma nova mentalidade que melhor se ajuste ao gigantesco esforço de desenvolvimento econômico que empolga todos os brasileiros.

Uma grande tarefa! Mas para que a Universidade Católica possa levá-la avante, há que se lutar duramente, para que a inversão de valores, desestimulando e desencantando, não fixe raízes envolventes na nova geração que vai surgindo! Que, como sabeis, pelo contato quase físico com as desilusões, pelo sentimento muitas vezes marcante de impotência e de desgosto, vai se afastando, entristecida e magoada, prematuramente envelhecida pelo desalento e pela desesperança.

Nós sabemos que pouco nos legou a geração de ontem. Mas a formação espiritual que recebemos, o estímulo e o incentivo que aqui e em nossos lares nunca nos faltaram, ajudam-nos a prosseguir e encaminham-nos inexoravelmente a assumir as posições que por direito cabem ao engenheiro.

A direção do país nesta fase de crescimento industrial e técnico não pode caber senão àqueles que possuam senso de planejamento e organização, sem o qual é impossível prever para dirigir. O futuro do Brasil, dia a dia mais presente, reserva aos engenheiros tarefa sobremodo pesada, mas imensamente bela e atraente: de equacionar problemas, indicar diretrizes, analisar questões e resolvê-las. O sentido prático e objetivo de que até há pouco careceu o estudo dos grandes problemas que afetam o desenvolvimento do país, somente o técnico de alto grau pode oferecer; como o único capaz de analisar números como valores ponderáveis, de lidar com máquinas com espírito esclarecido, de tratar com homens como parte essencial de um objetivo a atingir, em bases econômicas e humanas.

O momento que vivemos, histórico e magnífico sob todos os aspectos, pertence apenas, pela sua magnitude, àqueles que sintam o peso da responsabilidade, vejam com os olhos, vivam pelo progresso. Não se admite mais, porque já vão longe os tempos leves e pitorescos de nossa idade média como nação civilizada, que as parcelas mais responsáveis da sociedade, porque dela receberam além do comum, não se sintam obrigadas por um dever de consciência a participar ativamente das grandes questões nacionais.

Ao engenheiro, pela sua formação técnica, e a nós, engenheiros católicos sobretudo, porque além dessa possuímos o estímulo e a garantia da religião, cabe influir e debater, planejar e dirigir.

São imensas nossas perspectivas nesta fase histórica que atravessamos, mas para que haja visão e não miragem, precisamos antes de tudo vencer o surto inflacionário que estrangula nossa economia, empobrece o povo e entrava o desenvolvimento ordenado de nosso país. Disse-vos há pouco, que é histórico o momento que vivemos e não há dúvidas de que assim o é. A abertura de estradas, o aumento do potencial elétrico, o incentivo crescente à produção maciça de petróleo por empresa inteiramente nacional, a instalação de usinas e de grandes fábricas, enfim, os colossais investimentos particulares e públicos em todos os setores básicos para nosso desenvolvimento não têm paralelo na história político-econômica do Brasil. Mas trazem também, e é natural que assim o seja, uma série imensa de problemas sociais, que ao engenheiro cabe fazer frente.

Ao engenheiro sim, ao engenheiro certamente, porque a questão social é assunto por demais sério para ser entregue a quem não medite com senso analítico, econômico e humano.

Aqueles que incitam o trabalhador a reivindicar mais e mais, a desconfiar de todos e de cada um provocando a luta de classes e o desassossego social perturbam o progresso e trabalham em sentido inverso ao que apregoam. Porque ao baixo rendimento só pode advir o desemprego, o salário inferior, a insegurança e o medo.

A solução dos problemas sociais, todos de fundo eminentemente econômico, só pode vir com a elevação da capacidade produtiva do operário, aliada a uma política patronal inteligente e sadia. Parece-nos, e não cremos que esta seja uma atitude puramente nacional, que muito mais gente há pronta a aliviar o trabalho do que disposta a consagrar suas energias a suprimir a pobreza, pela harmonização de interesses que antes de tudo são comuns. A atitude negativa de revolta e inveja a nada conduz senão ao abismo, e, longe de pôr termo ao conflito, agrava-o ainda mais. É erro capital crer que patrão e empregado formem classes distintas, como se a natureza as houvesse armado para um duelo sem trégua.

Ao operário cabe fornecer, integral e fielmente, todo o trabalho a que livremente se comprometeu, não lesando bens nem pessoas, reivindicando sem violências e sedições, colaborando na solução dos problemas, apontando caminhos, agrupando-se em associações para defender seus direitos, mas atento a que esses não sejam desvirtuados de suas verdadeiras e nobres missões. Antes de tudo, deve-se dizer, sem temor, que é necessário que o operário compreenda que só o trabalho pode suprir as necessidades da existência, e que não há leis nem frases que consigam elevar seus padrões de vida, senão acompanhadas de um labor honesto e produtivo. O desnivelamento social, é preciso aceitá-lo como condição inerente à capacidade humana. O papa Leão XIII, em seu magnífico estudo "Sobre a condição dos operários", esclarece que "foi a natureza mesmo que estabeleceu entre os homens diferenças, tão múltiplas e profundas: diferenças de inteligência, de talentos, de habilidades, de saúde, de força... Essas desigualdades, por outro lado, revertem em proveito de todos, tanto da sociedade como dos indivíduos, porque a vida social requer um organismo muito variado e com funções diversas; e o que leva precisamente os homens a partilharem essas funções é precisamente a diferença de suas respectivas condições".

Daí não se infira evidentemente, que ao operário nada caiba, e que sua vida deva ser um contínuo colher de frutos amargos, acres e acerbos. É dever de cada um de nós, e sobretudo do engenheiro na sua função social, como líder natural dos que com ele convivem, buscar por todos os meios e modos oferecer aos menos aquinhoados as condições indispensáveis a uma vida salutar e pura, respeitando a dignidade do homem, como cristão.

O engenheiro, como chefe e responsável, necessita cuidar da situação econômica e financeira do departamento que lhe estiver afeto, mas não pode se esquecer nunca, para a sua própria segurança, do conforto e da assistência que deve a seus subordinados. O pagamento de um justo salário, assim considerado o que fornece o suficiente para assegurar a subsistência do operário e sua família, é antes de tudo um preito de justiça e gratidão. Justiça porque premia o esforço honesto e consciente. Gratidão porque é uma forma equânime de dividir o fruto do trabalho de todos; porque assim como o todo e a parte são de certo modo uma mesma coisa, o que pertence ao todo pertence, de alguma sorte, a cada parte.

Ao patrão, mais que ao empregado, e ao engenheiro acima de todos, cabe a responsabilidade maior pela solução das crises sociais, pois que essas são, em última análise, fruto da falta de previsão e planejamento. O papel ímpar que a sociedade destinou ao técnico superior e que a vida moderna, com seus problemas, veio aumentar de importância, exige de cada um, fundado nos princípios sadios do cristianismo, honestidade de propósitos e correção de atitudes, para que a nossa não seja uma geração perdida.

Estas são as nossas tarefas como engenheiros. Árduas, por certo, mas que se nos impõe levar avante, com paixão, mas não sem carinho; com amor, mas não cegos por ele; com vontade, mas não apressados.

Abrindo estradas onde havia trilhas, erguendo cidades onde existia o nada, plantando civilização, conduzindo o progresso, retirando do solo riquezas naturais, manufaturando e produzindo, criando indústrias de base, combatendo flagelos, exercendo sua função social – eis o engenheiro de hoje! Apóstolo do Brasil moderno!

Excelentíssimo professor Domicio Falcão, paraninfo dos engenheiros de 1958. A escolha do vosso nome sintetiza o desejo de homenagear, em uma pessoa, todos os mestres e amigos que nos conduziram e ampararam durante o curso que neste momento concluímos. Exemplo de cultura e de saber, de ciência e humanismo, de honestidade e trabalho, ninguém melhor que vós para personificar as qualidades do paraninfo nesta data memorável para todos nós. Aceitai, senhor engenheiro Domicio Falcão, nosso reconhecimento e respeito pelas aulas inesquecíveis de bondade e paciência, de entusiasmo e devotamento.

Excelentíssimo senhor engenheiro Lucas Lopes, ministro de Estado da pasta da Fazenda e patrono desta turma. Que dizer de vosso nome, que o Brasil inteiro conhece, que faceta da vossa personalidade, que recôndito do vosso pensamento que todo um país e toda uma geração admiram? Fostes escolhido como patrono porque representais o espírito e as aspirações do Brasil de hoje, do Brasil renascente! Vós sereis nosso exemplo, e será mirando nele que conduziremos nossas vidas, pretendendo senão ser o que sois, ao menos acompanhar vossos passos, seguindo o mesmo caminho do trabalho árduo e do ideal. Não vos escolhemos pelo que sois, mas pelo que fostes; procuramos um modelo, buscamos um exemplo, e estamos certos de que Vossa Excelência o é. Gratos pela vossa dedicação ao país, reconhecidos pelo vosso patriotismo, patrono, exemplo, modelo.

Excelentíssimos senhores engenheiros honorários da turma do 10º aniversário da Epuc.

A intenção dos engenheirandos da Universidade Católica, ao incorporar os nomes de 10 ilustres personalidades às suas vidas profissionais, transcende o significado de uma simples homenagem, porque aproxima-se de um compromisso nosso para com nós mesmos. Propomo-nos a seguir olhando para vossas carreiras, buscando em cada um de vós a coragem, a ousadia, o desassombro, o amor, a certeza.

São Paulo previu, numa de suas epístolas, que ainda viria "o tempo em que os homens não suportarão a sã doutrina, mas multiplicarão para si mestres conforme seus desejos, levados pela curiosidade de ouvir, e afastarão os ouvidos da verdade, para abri-los às fábulas". Felizes somos nós que ainda não chegamos a essa época maldita, porque ainda podemos erigir como mestres não aqueles que falam sem dizer, mas os que, como vós, preferem dizer a falar simplesmente.

Finalmente, uma palavra muito especial àqueles que, com carinho e dedicação, nos incentivaram a vencer esta primeira fase de vida. A nossos pais pertence realmente esta festa! Deles o orgulho, porque sacrifícios e trabalho só eles os conheceram. Impossível ser mais na vida do que mãe, do que pai! Glória maior inexiste, porque encerra todo um mundo de amor, de desprendimento, de preocupações, de sabedoria, de compreensão.

A nossos pais, pelos pedidos, pelas fadigas, pelas preces, pelos trabalhos, pelo amor, pela bondade, por tudo enfim, eternamente,

Obrigado!

Agradecimentos

Várias pessoas colaboraram para tornar este livro possível. Gostaria de, em primeiro lugar, agradecer a minha esposa, Teresa Cristina, por tantas leituras críticas ao original e também a minha filha, Ana Cristina, pela foto da capa.

Agradeço também a meus entrevistadores, Luiz Cesar Faro e Mônica Sinelli, que em sucessivos encontros para a elaboração deste livro me resfrescaram a memória sobre eventos importantes.